Dieses Buch gehört:

....

Heiderose und Andreas
Fischer-Nagel

Ein Igelwinter

Heiderose und Andreas
Fischer-Nagel

Ein Igelwinter

Illustriert von
Michael Papenberg

Verlag Heiderose Fischer-Nagel

3. Auflage 2013
© Verlag Heiderose Fischer-Nagel,
Brunnenstraße 7, D-34286 Spangenberg
Tel.: 05663/280, FAX: 05663/6562
e-Mail: fischer-nagel@t-online.de
www.fischer-nagel.de

Zeichnungen: Michael Papenberg
Satz, Layout und Gestaltung: Andreas Fischer-Nagel
Druck: INTERAK, Czarnków, Poland

ISBN : 978-3-930038-10-7

Die Autoren

Heiderose Fischer-Nagel wurde 1956, ihr Mann Andreas Fischer-Nagel 1951 geboren. Beide studierten in Berlin und Wien Biologie mit dem Schwerpunkt Zoologie. Bereits während des Studiums begannen sie, Foto-Sachbücher für Kinder zu erarbeiten. Seit 1981 sind zahlreiche dieser Naturbücher erschienen. Sie erhielten Auszeichnungen im In- und Ausland; vier Titel standen auf der Auswahlliste zum Deutschen Jugendliteraturpreis.
Im Sommer gründeten sie den Verlag Heiderose Fischer-Nagel, in dem weitere Titel sowie nunmehr auch die Neuauflagen der älteren Titel erschienen sind. Neue Projekte sind in Arbeit und hoffen darauf, eines Tages zu neuen »Lieblingsbüchern« zu werden.
Heiderose und Andreas Fischer-Nagel haben zwei erwachsene Töchter und leben mit zahlreichen kleinen und großen Tieren in einem kleinen Dorf in Nordhessen.

Der Illustrator

Michael Papenberg, Jahrgang 1960, wuchs in einem Dorf inmitten von Tieren auf, die er von klein auf zeichnete. Nach eigener Aussage hat er zwar auch studiert, das Zeichnen jedoch draußen in der Landschaft gelernt. Er illustriert Kinderbücher und arbeitet für verschiedene Umweltverbände.
Michael Papenberg lebt »in der Nähe eines Dorfes in der Nähe von Hannover«.

Inhalt

Vorwort

Liebe Leserinnen und Leser,

wenn Ihr schon mal ein Buch von uns gelesen habt, wisst Ihr bereits, dass unsere Geschichten nie ganz erfunden sind. Die Tiere, über die wir schreiben, haben wir lange beobachtet, und außerdem haben wir vorher selbst viele Bücher von anderen Biologen und Tierforschern gelesen.
Die doppelten Zwillinge Lena und Lara, Lutz und Lars gibt es also in Spangenberg nicht. Aber die vielen Igel - die gibt es! Und es gab auch einen besonders frühen und strengen Winter, in dem sehr viele untergewichtige, in der Natur nicht überlebensfähige Jungigel gefunden wurden.
Manche Igelforscher sind der Meinung, dass man nicht in die Natur eingreifen und auch schwache Tiere sich selbst überlassen sollte. Zumal nicht sicher ist, wie viele von den Igeln, die bei Menschen überwintert haben, später in der Freiheit wirklich überleben.

Andere wiederum, zu denen auch wir gehören, meinen: In der freien Natur haben eindeutig untergewichtige Igel gar keine Aussicht zu überleben. Wenn wir sie aufnehmen und fachgemäß versorgen, bekommen sie eine Chance.
Vom Aussterben bedroht sind unsere heimischen Stacheltiere glücklicherweise nicht. Wir müssen sie also nicht aufnehmen, damit ihre Art erhalten bleibt. Aber es schadet ihnen auch nicht, wenn einige empfindliche Jungtiere bei uns überwintern. Deshalb meinen wir, man sollte es geschehen lassen, denn es trägt zur Förderung der Tierliebe und Naturverbundenheit bei und bietet die Gelegenheit, eine Tierart näher kennen zu lernen.
Bevor Ihr aber einen Igel mit nach Hause nehmt, müsst Ihr unbedingt einige wichtige Dinge beachten:
Bitte, wetteifert nicht darin, wer die meisten Igel findet und heimträgt. Das wäre absoluter Unsinn und würde mehr schaden als nützen. Außerdem ist es nach dem Naturschutzgesetz verboten.
Nehmt nur Igel auf, wenn Ihr Euch vorher über die Pflege genau informiert habt, wenn

eine geeignete Unterbringungsmöglichkeit da ist und wenn Ihr bereit seid, eine Menge Arbeit zu übernehmen. Und denkt auch an die Kosten!
Igel, die mehr als 600 Gramm wiegen, darf man nicht zum Überwintern mitnehmen. Sie sind in der Lage, im Freien zu überleben. Und wenn nicht, ist es die Auslese der Natur, der wir eigentlich auch mit der Aufnahme kleinerer Igel ins Handwerk pfuschen. Haltet auch Erwachsene davon ab, etwa schon im September Igel zu sammeln. Erst wenn es richtig kalt wird und kleine Igel sogar am Tag nach Futter suchen, kann man etwas unternehmen.
Stört keinesfalls die Igel in ihren Schlaf-, Winter- oder gar Wochennestern! Wenn ein Igelweibchen Junge hat, ist es so empfindlich, dass es bei einer Störung möglicherweise die Jungen umquartiert, verlässt oder auffrisst. Die Mädchen in unserem Buch beobachten eine fast zahme, an Menschen gewöhnte Igelmutter und ihre Jungen. Das haben wir erfunden, um Euch zeigen zu können, wie es in einem Igelnest aussieht. Versucht lieber nicht, den beiden nachzueifern. Jedenfalls nicht auf eigene Faust. Tier-

beobachtung, ohne dem Tier zu schaden, ist eine sehr schwierige, langwierige und oft auch langweilige Angelegenheit, denn ein großer Teil davon besteht aus Warten...
Am Schluss dieses Buches haben wir Euch eine kleine »Igelliteratur« zusammengestellt. Viele sachliche Informationen in unserer Geschichte stammen aus diesen Büchern, denn natürlich konnten wir längst nicht alles selbst beobachten. Wer einen schwachen Igel findet und ihn überwintern möchte, sollte sich mindestens eines dieser Sachbücher besorgen.

Heiderose und Andreas Fischer-Nagel

Sechs Waisenkinder auf der Straße

„Gleich nach den Sommerferien so viele Hausaufgaben“, beschwerte sich Lena und schaute hilfesuchend an die Decke.

„Besonders Mathe“, stöhnte Lara. „Hast du das schon?“

Lena nickte. Mathe war für sie kein Problem.

„Dann können wir ja mal vergleichen“, schlug Lutz vor. „Die Textaufgabe kapiere ich nicht.“

„Und nachher hören wir uns gegenseitig Englisch-Vokabeln ab“, sagte Lars. „Ich glaube, ich hab' alles vergessen in den Ferien.“

Lena, Lara, Lutz und Lars waren ein Kleeblatt, das fast jeder in der kleinen Stadt Spangenberg kannte. Schon allein deshalb, weil sich die vier Kinder außerordentlich ähnlich sahen. Sie hatten rotblonde lockige Haare, braune Augen und Sommersprossen. Ihre Mütter waren nämlich Zwillingsschwestern. Es war eine richtige Sensation gewesen, als beide – noch dazu im selben Jahr – eineiige Zwillinge zur Welt brachten: Marianne zwei Mädchen und Sabine zwei Jungen.

Alle vier besuchten die 6b der Gesamtschule Spangenberg und die Lehrer hatten zuweilen ihre liebe Not, die Kinder nicht zu verwechseln. Allerdings kam das in der letzten Zeit nicht mehr so häufig vor. Auf gleiche Kleidung legten die „Vierlinge“, wie sie manchmal genannt wurden, keinen Wert mehr. Auch die alten Spitznamen LeLa und LuLa hörten sie nicht mehr so gern. Je älter sie wurden, desto mehr wollten sie nicht als „Einheit“, sondern als Einzelpersonen betrachtet werden.

Lena begann nun, den anderen die Textaufgabe zu erklären. Nach einer Weile schaute sie auf die Uhr und klappte ihr Heft zu. „Mit Englisch wird es heute nichts mehr. Papa holt uns gleich ab. Er macht einen Krankenbesuch in der Nähe.“

Das war etwas Besonderes, denn meistens hatte der Vater keine Zeit dazu, die Töchter abzuholen. Als Landarzt war er viel unterwegs.

In dem Moment klingelte es auch schon. Als die Kinder runterkamen, saß Michael mit den Eltern von Lutz und Lars am Küchentisch und trank Tee. Es war schon dunkel, als sie nach Hause fuhren.

Plötzlich sah Lara im Scheinwerferlicht des Autos etwas Dunkles auf der Straße.

„Papa, pass auf, ein Igel!“, rief sie.

„Ja, nur leider schon tot.“ Im selben Augenblick

trat Michael so kräftig auf die Bremse, dass die Reifen quietschten und alle drei in ihre Sicherheitsgurte gedrückt wurden. Er schaltete die Warnblinkanlage ein, nahm eine Taschenlampe aus dem Handschuhfach und stieg aus. Die beiden Mädchen folgten. Im Strahl der Stablampe sahen sie jetzt deutlich sechs kleine Igel.

„Wir müssen sie aufsammeln!“, rief Lara. „Sonst werden sie auch noch überfahren.“

Aber Michael hielt die Mädchen zurück. „Wir müssen erst feststellen, ob der tote Igel wirklich die Mutter ist. Passt mal auf, dass die Kleinen nicht weglaufen.“

Lara lief ihm nach.

Michael war ein guter Menschendoktor, aber mit Tieren kannte er sich nicht allzu gut aus. Er hoffte aber wenigstens feststellen zu können, ob das überfahrene Tier ein Männchen oder ein Weibchen war. Nicht gerade begeistert drehte er den nur am Kopf verletzten Igel mit einem Stock hin und her.

„Wenn ich bloß wüsste, wie bei den Igeln die Geschlechtsunterschiede sind“, murmelte er und zog seine Stirn in nachdenkliche Falten. „Aber an den Zitzen müsste man es sehen.“

Er drehte mit dem Stock den toten Igel um und betrachtete die Bauchseite. Um die Zitzen sah man

deutlich einen richtigen Kranz aus plattgedrückten oder fehlenden Bauchhaaren.

„Es ist die Mutter“, stellte er fest. „Wir müssen die Kleinen mitnehmen, sonst haben sie keine Chance.“

In Gedanken fügte er hinzu: Ob sie eine Chance haben, wenn wir sie aufsammeln, weiß ich auch nicht. Womit soll man sie füttern?

Lena hatte inzwischen große Mühe gehabt, die kleinen Igel am Weglaufen zu hindern. Vorsichtig nahm jetzt jeder der drei je zwei Igel auf und trug sie zum Auto. Aber wohin mit ihnen? Sicher hatten sie Flöhe!

„Wir setzen sie in den Kofferraum.“ Michael öffnete die Klappe.

Zu Hause staunte Marianne nicht schlecht, als ihre Töchter zur Tür hineinstürmten und riefen: „Schnell Mama, einen Karton, wir haben sechs Igelwaisen mitgebracht!“

Marianne war es gewohnt, dass die Mädchen kranke oder verletzte Tiere heimschleppten. Deshalb fragte sie nicht lange, sondern holte einen alten Umzugskarton aus dem Keller.

Lena und Lara suchten nun den Kofferraum nach den Igeln ab und setzten sie in den Karton.

„Bringt sie in den Heizungskeller“, schlug Marianne vor. „Und womit wollt ihr sie ernähren?"

„Na, sie müssen Milch bekommen. Alle Babys trinken Milch!" Lena eilte schon zum Kühlschrank.

„Warte mal", rief Michael, der gerade ins Haus kam.

„Kuhmilch können wir ihnen nicht geben, die hat vermutlich eine andere Zusammensetzung als die Milch von der Igelmutter. Außerdem habe ich mal gelesen, dass man auch großen Igeln keine Milch geben soll. Sie können davon krank werden."

„Vielleicht probieren wir es mit Milchpulver?", schlug Marianne vor.

„Möglich, aber sicher bin ich mir da auch nicht", sagte Michael. „Schließlich bin ich kein Tierarzt."

„Tierarzt, das ist es!" Lara sprang auf. „Wir rufen Peter an."

Lena nickte. Auf diese Idee hätte sie auch kommen können. Aber sie regte sich immer so auf, wenn sie verletzte Tiere sah. Da war Lara ganz anders. Sie wusste immer sofort, was zu tun war. Schon hatte sie das Telefon in der Hand und wählte Peters Nummer. Er war ein Freund der Eltern und kannte die Zwillinge von klein auf.

„Tut, tuuut... hier ist der automatische Anrufbeantworter..."

„So ein Mist, Peter hat seinen Schnarcher an".

So nannten sie alle Anrufbeantworter, weil die Stimmen sich darauf immer völlig fremd und komisch anhörten.

Da kam auch schon der Pfeifton.

Lara holte tief Luft und begann: „Peter, hier ist Lara. Wir wollten dir doch nur sagen, dass wir kleine Igel...“

Weiter kam sie nicht, denn plötzlich erklang aus dem Hörer Peters Stimme. „Hallo, Lara, ihr habt kleine Igel? Hör mal, die darf man nicht einfach aufsammeln und mitnehmen!“

„Peter, ich denke, du bist nicht da?“, fragte Lara verdutzt.

„Ach, ich habe heute keinen Dienst. Ihr wisst doch, wie das ist. Sobald man ans Telefon geht, muss man Dienst tun. Kranke Tiere gibt es ebenso viele wie kranke Menschen.“

Und ob Lara das wusste. Es gab Tage, an denen sie ihren Vater fast gar nicht sah. So fragte sie auch nicht weiter, sondern erzählte lieber, warum sie die Igel mitgenommen hatten.

„Du, was gibt man so kleinen Igeln zu fressen?“, schloss sie.

„Können sie überhaupt schon selber fressen oder trinken sie noch bei der Mutter?“, rief Lena über Lara hinweg in den Hörer.

„Wie groß oder wie alt sind denn die Igelkinder ungefähr?“, wollte Peter wissen.

„Noch ganz, ganz klein“, antwortete Lara. „Aber laufen können sie, und Stacheln haben sie auch schon.“

„Stacheln haben sie schon bei der Geburt. Kannst du mir sagen, wie lang oder wie schwer sie ungefähr sind?“

„Ich rufe gleich zurück“, sagte Lara. „Wenn wir sie gemessen haben.“

Mit einem Zentimetermaß liefen die Mädchen in den Keller. Aber es war unmöglich, die kleinen Igel zu messen. Sie rollten sich einfach zusammen, wenn man sie berührte. Lena kam auf die Idee, die Briefwaage zu holen und die Igel zu wiegen. Das klappte.

Nach kurzer Zeit konnte sie Peter anrufen und das Ergebnis durchgeben: Einer wog 93 Gramm, einer 98 Gramm, zwei 103 Gramm, einer 107 Gramm und der dickste 110 Gramm.

„Sie dürften so etwa einen Monat alt sein“, sagte Peter. „Da gehen sie zwar schon auf Nahrungssuche, werden aber noch vorwiegend gesäugt. Es wird nicht einfach sein, sie durchzubringen. Am günstigsten soll Kolostralmilch von Ziegen sein.“

„Was ist denn das?“, fragte Lena.

110
103
93
103

„Das ist die Milch, die ein Muttertier in den ersten Tagen nach der Geburt ihrer Jungen abgibt. Sie ist besonders gut verträglich und enthält wichtige Abwehrstoffe gegen Krankheiten“, erklärte Peter.

„Und wo sollen wir solche... Kolostralmilch herbekommen, noch dazu jetzt, in der Nacht?“

„Kolostralmilch werden wir wohl kaum auftreiben. Ich weiß von keiner Ziege, die gerade Junge hat. Aber normale Ziegenmilch, die kann ich euch besorgen.“

„Peter, die Kleinen müssen doch schnell etwas bekommen!“

„Nun pass mal auf“, beschwichtigte Peter. „Wenn die kleinen Igel schon mit ihrer Mutter unterwegs waren, heißt das, sie nehmen bereits andere Nahrung als Milch zu sich. Zum Beispiel Nacktschnecken. Nehmt euch doch mal jeder eine Taschenlampe und ein altes Marmeladenglas und geht damit in den Garten. Ihr werdet staunen, wie viele Nacktschnecken ihr um diese Zeit auf eurem Gemüse findet. Die sammelt ihr ein und gebt sie den Igeln. Ich kümmere mich inzwischen um die Ziegenmilch. Sobald ich welche habe, bringe ich sie vorbei.“

Schnell legte Lena den Telefonhörer auf und rannte zusammen mit ihrer Schwester los, um Taschenlampe und Marmeladenglas zu holen.

Rumms – schon flog die Tür ins Schloss.

Marianne und Michael sahen durchs Fenster die Leuchtkegel der Taschenlampen.

Erste Hilfe

Schon nach einer Viertelstunde kamen Lena und Lara mit einer Menge kleiner und großer Nacktschnecken zurück. Lena hatte Probleme, sie mit einem alten Löffel aus den Marmeladengläsern zu holen. Aber Lara war zum Glück nicht zimperlich. Sie beförderte die Schnecken auf kleine Untersetzer, die vorläufig als Futterschalen dienen sollten.

Nun kam der spannende Augenblick: Würden die Igelkinder die Nacktschnecken fressen? Lena schüttelte sich bei dem Gedanken. Aber schließlich war sie ja auch kein Igel.

Die kleinen Igel näherten sich vorsichtig den Tellern. Hörbar schnupperten sie an den Schnecken herum. Schon schnappte einer die erste Schnecke und verspeiste sie unter großem Geschmatze. Nun begannen auch die anderen zu fressen. Das war vielleicht ein Konzert!

„Seht mal, der kleinste Igel mag offenbar die Schnecken nicht", stellte Lara besorgt fest. Sie nahm ihn vorsichtig und setzte ihn direkt vor den Teller.

In dem Moment kam Peter in den Keller, gefolgt von Marianne und Michael. „Hallo, ich bringe die Ziegenmilch!“ Er hockte sich vor den Karton und schaute sich die kleinen Igel an.

„Wie hast du denn das geschafft, jetzt noch Ziegenmilch aufzutreiben?“, erkundigte sich Marianne.

„Kein Problem. Die Bauern wissen, dass ich da bin, wenn sie mich brauchen. Da melken sie auch mal am Abend für mich eine Ziege.“

Peter stellte die Flasche mit der Milch auf den Tisch. Dann verlangte er von Michael eine Injektionsspritze ohne Kanüle. Michael holte gleich mehrere der gewünschten Zehn-Milliliter-Spritzen und zog in einer etwas Milch auf.

„Na prima, dann wollen wir mal.“ Peter griff sich mit der linken Hand den kleinsten Igel und nahm Michael mit der rechten Hand die mit lauwarmer Ziegenmilch gefüllte Spritze ab. Fast verschwand der

kleine Igel in Peters Hand. Erstaunlicherweise rollte er sich nicht zusammen.

Blitzschnell schob Peter ihm seitlich die Öffnung der Spritze in den winzigen Mund und drückte mit dem Daumen ein wenig Milch heraus.

Gespannt blickten alle auf den Igel. Seine kohlschwarze Knubbelnase zuckte hin und her, dann begann er, gierig zu trinken.

„Hurra, er trinkt!", jubelten Lena und Lara. Michael hatte inzwischen fünf weitere Spritzen mit Ziegenmilch gefüllt und verteilte sie. Bald hielt jeder einen Igel in der Hand und flößte ihm langsam die Milch ein.

Am nächsten Morgen liefen Lena und Lara noch vor dem Frühstück in den Keller, um nach den Igeln zu schauen. Aber da gab es nichts zu sehen. Alle hatten sich in dem kleinen Schlafkarton verkrochen, den Peter am Abend noch in den großen Karton gestellt hatte. So konnten sie sich ein bisschen wie in ihrem Nest fühlen.

„Peter war heute morgen schon kurz da und hat eine Entwurmungskur für Igel gebracht", berichtete Marianne, als die Mädchen in die Küche kamen.

„Wieso denn das? Haben die etwa Würmer?"

Lara schüttelte sich. Sie dachte an die dünnen

Spulwürmer, die ihr Hund Mäxchen einmal gehabt hatte.

Marianne erklärte, was sie selbst eben erst von Peter erfahren hatte: „Die meisten Igel sind von Würmern befallen. Oft sitzen sie in der Lunge und verursachen Husten und Lungenentzündung. Für junge Tiere ist das besonders gefährlich.

„Das Mittel sollen wir in Milch auflösen“, schloss Marianne. „So können wir es den Igeln am besten einflößen.“

„Das machen wir. Ihr braucht euch nicht darum zu kümmern“, versprachen Lara und Lena.

„Außerdem müsst ihr die Igel von Außenschmarotzern befreien“, sagte Michael. „Im Klartext: Ihr müsst eine Flohkur machen. Ihr habt gestern ja selber gesehen, wie viele Flöhe zwischen den Stacheln herumsprangen.“

Lena schüttelte sich. Sie hatte das Gefühl, als müsste sie sich kratzen.

„Wir hatten doch da so ein Pulver gegen Mäxchens Flöhe. Können wir das nehmen?“, wollte Lara wissen.

Michael nickte und ging runter in seine Praxis.

„Baden können wir sie nicht mehr vor der Schule“, sagte Lara bedauernd. „Aber heute nachmittag helfen uns sicher Lutz und Lars.“

„Füttern müssen wir sie jetzt noch. Bekommen sie nur die Milch?“

Peter hatte Marianne genaue Anweisungen gegeben. Außer der Aufzuchtmilch mit der Entwurmungskur erhielten die Igelkinder noch ein Schälchen mit Hundefutter aus der Dose, gemischt mit zerquetschter Banane, etwas Quark und Haferflocken. Dass es ihnen schmeckte, war nicht zu überhören. Fast ohne Scheu standen sie mit den Vorderfüßen in den zwei Schälchen und schmatzten wie sechs Ferkel.

Als Lena und Lara in der Schule von den kleinen Igeln erzählten, wollte die halbe Klasse mitkommen, um sie zu sehen und zu baden. Doch das ging beim besten Willen nicht. Nur Lutz und Lars sollten nach dem Essen kommen, um zu helfen.

Pünktlich um drei Uhr erschienen die beiden und brachten sogar ein spezielles Igelshampoo mit. Die Kinder ließen handwarmes Wasser in die Wanne und gaben etwas von dem Shampoo dazu.

Nun wurde es spannend: Lena und Lara schleppten die Kiste mit den Igeln herbei und einer nach dem anderen wurde ins Wasser gesetzt. Bald waren zahlreiche Flöhe zu sehen, die zwischen den Stacheln herumsprangen und krabbelten.

„Wir müssen ihnen Wasser auf den Rücken schöpfen, sonst bleibt das Viehzeug dort oben sitzen“, sagte Lars. „Hoffentlich fangen wir uns keine Flöhe ein. Wenn ich mir das ansehe, juckt's mich schon am ganzen Körper.“ Er schüttelte sich und die anderen lachten.

„Tierflöhe halten es beim Menschen nicht lange aus“, tröstete Lena.

„Da bin ich mir nicht so sicher“, knurrte Lars und beschöpfte seinen Igel ausgiebig mit Wasser. Vorsichtshalber hatte er die Ärmel hochgekrempelt und hielt so weit es ging Abstand.

Es war kaum zu glauben, wie viele Flöhe zwischen den Igelstacheln und dem Bauchfell hervorkamen. Doch das Shampoo wirkte schnell. Bald schwammen die Plagegeister tot im Wasser. Den Igeln schien das Bad nicht besonders zu gefallen. Sie strampelten in der Wanne herum. Sicher hatten sie Angst.

„Ich glaube, jetzt ist's genug“, meinte Lara. „Von den Flöhen regt sich keiner mehr.“

„Erst muss aber das Flohshampoo abgespült werden, besonders gesund ist das bestimmt nicht“, wandte Lutz ein.

Ein Igel nach dem anderen wurde abgebraust, danach auf ein altes Handtuch gesetzt und vorsichtig abgetrocknet. Dann kamen sie wieder in den Karton.

Nun kam die Überlegung, wo man die Igel unterbringen sollte. Im Karton wurde es auf die Dauer zu eng für sechs Igel.

„Wir könnten ihnen ein Gehege im Garten bauen“, meinte Lena. „Oder auf der Terrasse.“

„Mama wird sich freuen.“ Lara schüttelte den Kopf.

„Außerdem wird es viel zu heiß, wenn die Sonne drauf scheint.“

„Kommt, wir gehen mal raus und sehen uns nach einem geeigneten Plätzchen um.“ Lars stand auf und ging in den Garten. Die anderen folgten ihm.

„Wie wäre es dort drüben zwischen dem Haus und dem kleinen Mäuerchen?“, fragte Lara.

Lena nickte. „Das ist genau der richtige Platz. Mama schimpft immer, dass es dort zu trocken ist. Für die Igel wäre das gerade gut.“

„Na, dann ans Werk.“ Lutz wollte schon Bretter und Werkzeug aus dem Keller holen.

Aber Lara und Lena hielten es doch für besser, erst die Eltern zu fragen. Marianne war nicht da, aber Michael hatte Sprechstunde. Er musste in der Praxis sein.

„Ich schau mal nach.“ Und schon war Lena weg. Sie stürmte in die Praxis hinunter und fragte Annette, die Sprechstundenhilfe: „Ist Papa da?“

„Ja, aber… „

Michael hatte Lenas laute Stimme gehört und kam aus dem Sprechzimmer. „Na, Lena, wo brennt's?“, fragte er.

„Wir müssen für die Igel ein größeres Gehege bauen, sonst haben sie keinen Auslauf. Können wir das hinter dem Haus an dem alten Mäuerchen machen? Mama findet die Ecke doch sowieso immer zu trocken."

„Was sagt denn Marianne dazu?", fragte Michael vorsichtig.

„Sie ist nicht da. Und wir wollen so gern anfangen!"

„Ich sehe mir die Stelle lieber schnell mal an. Einen Augenblick, es geht gleich weiter!", rief er den Patienten im Wartezimmer zu.

„Hier hinten will Marianne sicher nichts anpflanzen", meinte Michael, als er die Ecke sah. „Holt euch alles, was ihr braucht, aus dem Keller und was fehlt, aus dem Baumarkt. Die sollen es auf meine Rechnung setzen."

„Danke, Papa."

Lena umarmte ihn kurz. Dann verschwand sie mit der Schwester und den Cousins im Keller. Sie brauchten eine ganze Menge Bretter, denn die Abgrenzung musste mindestens 40 cm hoch sein. Damit sich die Igel nicht darunter durchwühlen konnten, wollten sie die Bretter einige Zentimeter in den Boden einlassen. Aber es zeigte sich, dass mehr als genug alte

Bretter vorhanden waren.

„Ich glaube, wir können die Umrandung fünfzig Zentimeter hoch bauen", stellte Lena zufrieden fest.

Lars nahm eines der alten Fußbodenbretter und maß es aus: fast 3 m lang und 9 cm breit. „Wir nehmen zweimal sechs Bretter", sagte er.

„Dann haben die Igel einen Auslauf von fast neun Quadratmetern."

Sie suchten noch ein paar kleine Bretter für ein Igelhäuschen aus, griffen sich Hammer, Säge, Zange und Nägel, und dann ging es wieder in den Garten.

Schnell war eine kleine Rinne zum Versenken der Bretter ausgehoben. Nun wurden kleine Pflöcke eingeschlagen. Alle vier Kinder klopften und sägten und schon nach einer Stunde war die Anlage fertig. Stolz auf ihr Werk standen sie davor.

„Toll geworden, nicht wahr?", stellte Lena zufrieden fest.

„Jetzt müssen wir nur noch Heu, Stroh und trockene Blätter in das Häuschen stopfen und die Igel können einziehen", stimmte Lara zu.

„Seid ihr sicher, dass wir die kleinen Igel jetzt schon ins Freie setzen können?", fragte Lutz zweifelnd. „Vielleicht ist es nachts zu kalt. Oder ein wildes Tier kommt und frisst sie."

„Vielleicht der böse Wolf oder was?", Lars grinste.

„Quatsch! Du weißt genau, dass es hier Marder, Waschbären und auch wildernde Hunde und Katzen gibt!“, verteidigte sich Lutz.

„Hm, da ist vielleicht was dran. In dem Alter sind kleine Igel noch mit der Mutter zusammen, die sie vor Gefahren schützt oder wenigstens warnt und außerdem im Nest wärmt“, meinte Lena. „Vielleicht behalten wir sie lieber noch drin und fragen Peter.“

Wie auf Kommando fuhr ein Auto in die Einfahrt und hupte zweimal.

„Peter kommt“, schrie Lena und sauste schon los, gefolgt von den anderen. Die Kinder wussten natürlich, dass Peter es immer eilig hatte und gewohnheitsmäßig auf jedem Hof hupte, den er bei seinen Touren aufsuchte.

Als das Kleeblatt am Auto ankam, war Peter schon ausgestiegen. Er hielt einen Packen Bücher, Hefte und Broschüren unter dem Arm.

„Hier, habe ich euch mitgebracht“, sagte er und drückte Lena den Stapel in die Hände. „Darin findet ihr alles, was ihr über Igel, deren Aufzucht, Pflege und Überwinterung wissen müsst.“

„Du kannst wohl Gedanken lesen?“, fragte Lara.

„Wieso denn?“

„Gerade wollten wir dich anrufen, um zu fragen, ob wir die kleinen Igel schon in die Freianlage setzen können. Wir haben nämlich gerade eine gebaut."

„Ehrlich gesagt, ich weiß das auch nicht genau. Behaltet sie mal lieber noch eine Woche im Keller. Die Nächte sind Anfang September doch schon ganz schön kühl."

„Da haben wir ja ganz umsonst geschuftet", beschwerte sich Lutz. „Es wird doch immer kälter. Können sie vor dem Winter gar nicht mehr raus?"

„Das steht sicher alles in den Broschüren", sagte Peter. „Wahrscheinlich müssen sie ein bestimmtes Gewicht haben."

„Und bis dahin lassen wir sie im Gästeklo laufen, das wird sowieso selten benutzt", entschied Lena. „Mama wird zwar schimpfen, aber die Igel gehen im Moment vor! Im Keller finden wir sie nie wieder, wenn wir sie freilassen."

„Na ja, ich weiß lieber nichts davon, das müsst ihr mit Marianne klären. Tschüss, ich muss weiter!" Peter hupte wieder zweimal und fuhr los.

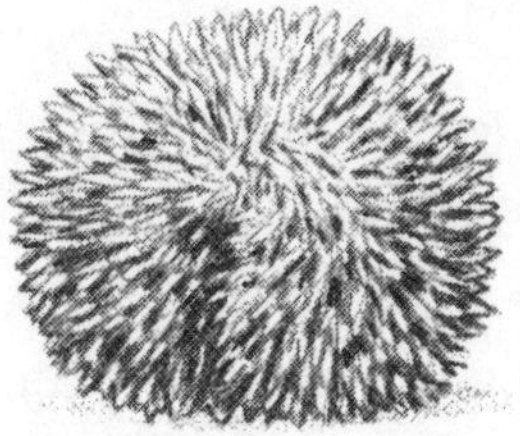

Zu klein für die Freiheit

Natürlich zogen die sechs Igel trotz Mariannes Protest ins Gästeklo ein. Die nächsten Tage vergingen wie im Flug. Jeden Tag nach der Schule mussten die Igel versorgt werden. Und dann studierten die Kinder zusammen die Schriften, die Peter ihnen gebracht hatte. Gleich am ersten Abend hatten sie gelesen, dass ihre Igel gar keine Ziegenkolostralmilch mehr brauchten. In dem Alter konnte man ihnen künstliche Hundeaufzuchtmilch geben. Die gab es in Pulverform in der Zoohandlung. In der Anweisung stand, dass man sie in Fencheltee auflösen sollte. Als Zusatznahrung wurde Kinderfertigbrei empfohlen, den man in jedem Supermarkt kaufen konnte. Das machte die Versorgung um Vieles einfacher, denn Peter hatte natürlich keine Zeit, jeden Tag Ziegenmilch zu bringen.

Nun klappte alles ganz gut, aber die Zeit war knapp. Denn die Hausaufgaben durfte man ja leider nicht völlig vergessen. Manchmal kamen Lena und Lara erst abends im Bett dazu, weiter in den Igelbüchern zu lesen. An diesem Abend waren die Eltern eingeladen und die Mädchen waren entschlossen, die Gelegenheit zu nutzen. Heute würde niemand kommen und verlangen, das Licht auszumachen! Lara blätterte in einem dicken Buch mit vielen Bildern. Plötzlich lachte sie auf.

„Hier steht was Komisches! Früher haben die Leute gedacht, die Igel schleppen reifes Obst auf den Stacheln in ihre Nester!"

Lena kicherte. „Wie in der Geschichte „Wie die Igel Stacheln kriegten." Stell dir vor, ein Igel mit lauter Birnen auf dem Rücken!"

Lara schüttelte den Kopf. „Wie sollen die Früchte denn auf den Rücken des Igels kommen? Außerdem tragen Igel nie Vorräte ins Nest, weil sie ja einen tiefen Winterschlaf halten."

„Die Leute dachten, die Igel wälzen sich so lange auf den Früchten, bis die auf den Stacheln stecken bleiben. Und dann marschieren sie eben los. So tragen sie angeblich auch Heu und trockene Blätter in ihr Nest."

Lena hielt der Schwester den entsprechenden Abschnitt unter die Nase.

„Was die früher alles geglaubt haben!"

„Du, das ist gar nicht so lange her. Sogar in dem berühmten »Brehms Tierleben« stand es noch in der Ausgabe von 1953", las Lena weiter.

„Das kommt nur daher, dass die Leute alles von anderen abschreiben und nicht selbst die Tiere beobachten“, schimpfte Lara.

„Stimmt, das schreibt der Verfasser von diesem Buch hier auch. Hör mal: „Noch abenteuerlicher ist aber wohl die Behauptung, dass Igel an Kuheutern Milch saugen und so die Euter verletzen oder Krankheiten übertragen.“ Stell dir mal vor, wie der kleine Igel da rankommen soll!“

Lena blätterte weiter. „Wusstest du, dass es schon seit sechzig Millionen Jahren Igel gibt? Und sie sahen damals schon genauso aus wie heute! Menschen gibt es erst seit zwei Millionen Jahren. Die Stacheln sind ganz schön praktisch. Sie schützen den Igel so gut gegen Feinde, dass er sich gar nicht verändern und anpassen musste.“

„Ja, gegen Feinde in der Natur. Aber nicht gegen Autos. Und die gibt es gerade mal hundert Jahre“, sagte Lara. „Der Mutter von unseren Kleinen haben die Stacheln gar nichts genützt.“

Lena seufzte und nickte. „Ein paar natürliche Feinde haben die Igel aber doch.“ Sie blätterte in ihrem Buch zurück. „Hier steht, dass große Greifvögel, wie Uhus, Adler und Habichte Igel greifen und fressen. Auch Marder, Füchse und Dachse sollen manchmal Igel erbeuten.“

„Wie können sie denn einen Igel töten, wenn er eingerollt ist?“

Lara fand das ziemlich unwahrscheinlich. Und das Buch gab auch keine Aufklärung.

„Hier steht nur, dass es nicht stimmt, dass Füchse Igel ins Wasser rollen, damit sie sich öffnen“, las Lena. „Vielleicht belauern die Beutegreifer die Igel so lange, bis sie aufgerollt sind. Dann springen sie blitzschnell zu. Hier steht nämlich noch, dass junge Igel häufiger gefangen werden. Wahrscheinlich, weil

sie noch unerfahren und nicht so misstrauisch und schnell wie ältere sind."

Lara griff nach dem Buch. „Die wissen das auch nicht genau", stellte sie fest. „Die schreiben nur, dass im Bau von Füchsen und Mardern Reste von Igeln gefunden wurden. Das beweist noch lange nicht, dass sie die Igel getötet haben. Vielleicht waren die schon tot." Sie klappte das Buch zu. „Aber sie können gut schwimmen. Schade, dass wir keinen Swimmingpool haben."

„Dort würden sie ertrinken", widersprach Lena. „Wenn wir die Kleinen durchbringen und im Garten freilassen, müssen wir den Brunnen abdecken. Reinklettern können sie - aber nicht wieder raus."

Daran hatte Lara nicht gedacht. Dann würden sich die Igel mit der flachen Vogeltränke begnügen müssen.

„Kaum zu glauben, dass Igel so gut klettern können", sagte sie. „Sie sehen so plump aus."

Sie gähnte und griff nach einem anderen Buch. Auf einmal lachte sie auf. „Stell dir vor, man hat sogar Igel gefunden, die in Strohdächern Winterschlaf hielten! Und sie können sich durch schmalste Zwischenräume zwängen. Dabei legen sie ihre Stacheln ganz dicht an den Körper. Und weißt du eigentlich, wie viele Stacheln ein Igel hat?"

„Eine ganze Menge!", Lena lachte.

„Schätze mal, wie viele."

„Hm, so zehntausend vielleicht."

„Gar nicht so daneben. Der Autor von diesem Buch hier hat bei einem Igel tausend Stacheln ausgezählt und dann berechnet, dass es insgesamt knapp sechstausend Stacheln sein müssten. Ein anderer Forscher hat sechzehntausend berechnet. Wenn die Wahrheit irgendwo dazwischen liegt, hast du recht. Sicher haben sowieso nicht alle Igel gleich viele Stacheln. Die Menschen haben ja auch unterschiedlich viele Haare."

„Zeig mal, da ist ja eine Zeichnung!" Lena riss Lara das Buch aus der Hand.

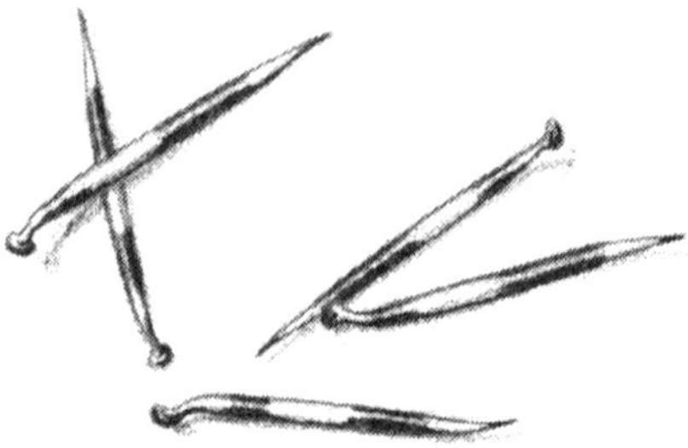

Ein Stachel des Igels ist etwa 2-3 cm lang, 1-2 mm dick und innen hohl. So nadelspitz, wie die Stacheln nach oben werden, so rund sind sie am anderen Ende, nämlich dort, wo sie in der Haut stecken. Sie enden in einer richtigen kleinen Kugel, die in einer Scheide in der Haut sitzt. Damit wird verhindert, dass sich der Igel selbst sticht, falls er auf seine Stacheln fällt oder Schläge versetzt bekommt. Der Stachel biegt sich nach unten ab, damit er besser anliegt, wenn der Igel entspannt ist. Außerdem werden dadurch auch Stöße besser abgefedert.

An jedem Stachel befinden sich mehrere kleine Muskeln, mit denen der Igel die Stacheln sogar mehr oder weniger einzeln bewegen kann. Beim Zusammenrollen ziehen Muskeln die Stachelhaut vorn über das Gesicht und hinten über den Schwanz. Dann zieht ein sehr kräftiger Ringmuskel entlang des Stachel-Haarrandes die Kugel fest zusammen,

Kopf und Beine verschwinden dabei vollständig im Inneren der Kugel. Dann sträuben sich die Stacheln stacheldrahtartig in alle Richtungen.

„Denen kann wirklich nicht so schnell jemand gefährlich werden.“ Lena gab das Buch nicht mehr her. „Sie fressen sogar giftige Schlangen. Kreuzottern, andere giftige gibt's ja bei uns nicht. Ob ihnen das Gift nichts weiter ausmacht oder ob sie einfach so schnell und geschickt sind, dass die Schlange gar nicht zum Beißen kommt - darüber streiten sich die Forscher.“

„Und wie tötet er die Schlange?“, unterbrach Lara. „Lies mal vor!“

„Sobald der Igel die Schlange irgendwo am Rückgrat erwischt und dieses durchgebissen hat, ist es aus mit ihr. Die Angriffe der Schlange wehrt er mit blitzschnellem Einziehen des Kopfes und Aufstellen der Stacheln über dem Kopf ab.“

„Und wenn die Schlange nun doch mal beißt?“, beharrte Lara.

„Das weiß man ja eben nicht. Sicher ist nur, dass Igel Kreuzottern mit Kopf, also mit den Giftzähnen, fressen. Auch andere Gifttiere verzehren sie, ohne Schaden zu nehmen. Stell dir vor: Blausäure verträgt ein Igel in einer Menge, die fünf Katzen in wenigen Minuten tötet und Wundstarrkrampfgift in siebentausendmal größerer Dosis als der Mensch“, las sie vor.

„Mehr Blausäure als fünf Katzen…“, murmelte Lara schläfrig, legte sich hin und machte ihre Nachttischlampe aus. „Mir langt's. Gute Nacht!“

In dieser Nacht schlief Lena nicht sehr ruhig. Sie träumte von Igeln, die mit Pflaumen auf den Stacheln versuchten, an glitschigen Regentonnenwänden emporzuklettern. Sobald sie es geschafft hatten, erschien am Rand eine wütende Schlange, wand sich um ihren Kopf und versuchte, die Igel zu beißen. Zu allem Überfluss kreiste am Himmel ein Adler mit Dachskopf und Fuchsschwanz, der nach dem Igel stieß.

Zwei Wochen waren vergangen, seit Lena und Lara die kleinen Igel gefunden und aufgenommen hatten.

Sie hatten sich schnell an ihre neuen Pflegemütter gewöhnt und waren richtig zutraulich geworden. Die anfänglich verabreichte Babynahrung war von Tag zu Tag mehr auf „Igel-Erwachsenenkost" umgestellt worden. Jetzt bekamen die Kleinen schon Katzenfutter, gemischt mit gekochtem Hühnerklein, Hafer- und Hundeflocken, Ei, etwas Quark, einem Stück Banane. Außerdem gab es Futterkalk und Vitamintropfen.

So war es kein Wunder, dass die Jungen schnell zunahmen und sichtbar größer wurden. 6 bis 8 Gramm nahmen die Igel täglich zu, so dass ihr Gewicht jetzt schon zwischen 195 und 212 Gramm lag.

„Wir müssen aufpassen, dass sie nicht zu schnell zunehmen", sagte Lutz eines Nachmittags.

Die beiden Cousins kamen fast jeden Tag, um beim Füttern und Wiegen zu helfen. Und natürlich hatten sie ebenfalls die Igelliteratur studiert.

„Sie können jetzt auch raus. Sie sind groß genug, und es ist so tolles, warmes Wetter", meinte Lars.

„Klar, wozu haben wir sonst das Freigehege gebaut? Wir tragen sie gleich raus", stimmte Lena zu.

Jeder griff sich einen oder zwei Igel und setzte sie im Gehege auf den Boden. Wohl erschreckt über das helle Sonnenlicht und die neue Umgebung rollten sie sich sofort zusammen. Doch allmählich kamen die kleinen schwarzen Nasen wieder hervor und schnüffelten umher. Lara öffnete den Deckel des Schlafhäuschens. Jetzt am Tag sollten sie gar nicht herumlaufen. Damit sie sich schneller eingewöhnten, holte Lars noch etwas Nistmaterial aus der Schlafkiste im Haus. Nun würde das neue Nest nicht so fremd riechen.

Alle kleinen Igel wurden nun in das behaglich ausgepolsterte Nest gesetzt und mit etwas Heu und dürren Blättern zugedeckt.

„Spannend wird's, wenn sie rauskommen“, sagte Lara, während sie den Deckel wieder auf das Häuschen setzte. „Aber das dauert sicher - jetzt schlafen sie erst mal weiter.“

Doch die Kinder brauchten gar nicht lange zu warten. Die Igel dachten gar nicht daran, in ihrem Häuschen zu bleiben und weiterzuschlafen. Erst raschelte und knisterte es im Inneren gewaltig, dann kamen plötzlich zwei schwarze Nasen aus dem Eingang hervor. Gleich darauf drängten sich beide Igel gleichzeitig durch den Eingang nach draußen. Allerdings war schwer zu sagen, ob sie das wollten oder ob sie nur von den anderen hinausgeschoben wurden. Jedenfalls waren bald alle sechs draußen. Sie blieben stehen und hoben die Köpfe. Man sah richtig, wie sie die Luft einsogen, um all die neuen Gerüche aufzunehmen und einzuordnen.

Lara schlug vor, ein paar Zweige und Steine in die kahle Anlage zu legen. Sie hatte gelesen, dass schon kleine Igel gerne Nester bauen, klettern und sich irgendwie beschäftigen.

Die anderen fanden die Idee gut und zogen los, um geeignetes Material zu suchen. Schon nach kurzer Zeit kamen sie zurück. Sie schleppten einen bemoosten Baumstubben, zwei größere Feldsteine und drei Plastiktüten mit trockenem Laub, Gräsern, Moos und Stöckchen. Das alles wurde in die Freianlage gelegt. Sie passten aber auf, dass es nicht zu nah an den Begrenzungswänden lag. Sonst könnten es die Igel womöglich dazu benutzen, über den Rand zu klettern.

Zunächst erschreckt, doch bald sehr interessiert durchstöberten nun sechs kleine Nasen besonders das etwas feuchte Laub und Moos. Da gab es hier und da eine Spinne, einen Wurm oder einen Käfer, der erst beschnüffelt und dann verzehrt wurde.

Erst als es dunkel war und Lutz und Lars nach Hause mussten, trennten sich die Kinder von den Igeln in der Freianlage. Zuvor hatten sie ihnen natürlich noch ihr Futter hingestellt. Ins Häuschen, damit es nicht über Nacht von streunenden Katzen geholt wurde.

Die Igel blieben aber noch lange munter, stöberten in der Anlage herum und schleppten Nistmaterial an. Das stellten Lena und Lara am nächsten Morgen fest, als sie vor der Schule schnell den Deckel vom Häuschen nahmen. Da sahen sie, dass viel mehr Moos, Blätter und dürres Gras darin war, als sie hin-

eingetan hatten.

So manchen Spätnachmittag und Abend verbrachten die vier Kinder nun bei den Igeln. LeLa und LuLa igeln sich ein, hieß es in der Schule. Denn wie früher steckten die vier ständig zusammen und hatten für nichts und niemanden Zeit.

Die Igel hatten sich daran gewöhnt, noch bei Tageslicht herauszukommen, weil sie dann ihr Futter bekamen. Oft konnten die Kinder jetzt beobachten, wie die kleinen Igel spielten. Dieses Verhalten ist angeboren: Mit gesenktem Kopf und gesträubten Nackenstacheln gehen sie aufeinander los und knuffen sich gegenseitig, versuchen sich wegzuschieben oder seitlich abzudrängen.

Einmal war Lena regelrecht entsetzt von diesen Spielen: „Seht nur, der beißt nach seinen Geschwistern. So ein mieser Typ! Den hol ich jetzt raus!"

Aber Lara hielt sie zurück. „Die spielen doch nur und üben für ihr späteres Igelleben. Dann müssen sie ihr Revier verteidigen."

Lena nickte. Das hatte sie natürlich auch gelesen. Aber es passierte ihr immer wieder, dass sie menschliche Eigenschaften und Verhaltensweisen auf die Tiere übertrug. Und es fiel ihr gar nicht leicht, dem kleinen Raufbold einfach zuzuschauen, ohne einzugreifen.

Sie kniete sich am Rand des Geheges hin. Wieder schnappte der Größte nach einem anderen. Der zog jedoch so schnell Nase und Füße ein, dass der Große immer nur die Stacheln erwischte. Ob ihm das mit der Zeit weh tat oder ob es ihm nur langweilig wurde, war nicht herauszubekommen. Zu sehen war nur, dass er plötzlich zum Knuffen und Drängeln überging. Und damit hatte er mehr Erfolg, was sich allein von seiner Größe her ergab. Wieder hätte Lena am liebsten eingegriffen. Aber sie sagte nichts mehr.

Trotzdem wusste Lara, was in ihr vorging. „Die verletzen sich nicht“, versicherte sie. „Wenn junge Katzen oder Hunde spielen, tun sie sich ja auch nicht weh.“

„Schaut euch den da an!“ rief Lars. „Der ist doch mindestens fünfmal auf den Stubben geklettert und auf der anderen Seite wieder runtergerutscht. Das Moos auf dem Holz ist schon ganz abgeschabt.“

Lena stand auf, setzte sich auf den hölzernen Rand und stellte die Füße ins Gehege. Schon kamen zwei Stacheltiere und beschnüffelten neugierig ihre neuen Wildlederstiefel. Der größere bis sogar hinein und kaute an den Fransen.

Lena lachte. „Der denkt, er ist Tarzan. Jetzt will er sogar mich beißen.“

Schnell nahm sie ihre Beine aus dem Gehege.

Sichtlich enttäuscht suchten die beiden Igel nun an der Stelle, wo doch eben noch die interessanten Stiefel gestanden hatten, den Boden ab.

„Schnell, steck deine Stiefel noch mal rein!“, rief Lutz. „Ich will sehen, was sie machen.“

„Na, reinbeißen“, meinte Lena verwundert. „Wie eben schon.“

„Guckt euch den Kerl doch mal an. Wie der die Zunge rausstreckt!“

Jetzt fiel auch bei den anderen der Groschen, und Lara schwang schnell die Beine wieder ins Gehege. Sofort kam der Igel und machte sich an den langen Fransen zu schaffen. Er beroch und beleckte das Leder, ab und zu biss er auch leicht hinein, zögerte dann und schien zu kauen.

„Passt auf!“, flüsterte Lutz aufgeregt. „Gleich macht er es!“

Tatsächlich drehte der Igel plötzlich den Kopf zur Seite. Auf seiner Zunge war jetzt schaumig weißlicher Speichel, den er auf den Stacheln seiner linken Körperseite verteilte. Der Vorgang wiederholte sich ein paar Mal, bis sich der Igel schüttelte und weglief.

„Sag mal, wie war das mit dem Selbstbespeicheln?“, fragte Lars. „Ich habe das nicht kapiert.

In dem Buch stand gar nicht, warum die Igel das machen.“

„Das ist ja gerade das Spannende daran." Lutz war immer noch ganz aufgeregt. „Kein Forscher konnte bisher rausfinden, was das soll. Kein Tier außer dem Igel macht das, aber keiner weiß, warum."

„Ich finde das später raus", erklärte Lara entschieden. „Ich werde nämlich Tierforscherin!"

Ein früher Winteranfang

Der Oktober verging. Fast acht Wochen lebten die Igel nun schon bei Lara und Lena. Babys waren sie nicht mehr, aber sie wogen erst 400 bis 420 Gramm. Vor Wintereinbruch konnten sie nicht in die Freiheit entlassen werden, denn etwa 600 oder besser 650 Gramm sollte ein Jungigel schon haben, um selbstständig einen kalten Winter zu überstehen. Das wussten die Kinder aus den Igelbüchern. Bis Anfang November würden es die Igel nicht mehr schaffen, dieses Gewicht zu erreichen. Glücklicherweise war es ein ungewöhnlich milder und sonniger Herbst, so dass man sie ohne Bedenken im Freigehege lassen konnte.

Anfang November ging das warme Herbstwetter über Nacht zu Ende. Eines Morgens lag Spangenberg unter einer fünf Zentimeter hohen Schneedecke. Niemand war darauf vorbereitet gewesen und so war es kein Wunder, dass der Straßenverkehr mehr oder weniger zusammenbrach. Die Kinder kamen zu spät zum Unterricht und auch viele Lehrer waren nicht rechtzeitig in der Schule. Aber es war nicht nur der Schnee, der den Winter gleich so heftig hereinbrechen ließ, sondern auch die plötzliche Kälte: Auf minus zehn Grad war die Temperatur über Nacht gesunken.

„Das wird ein harter Winter", sagte Marianne beim Frühstück. „Haben wir schon lange nicht gehabt. Draußen wird allerhand kaputtgehen!"

„Ein Glück, dass wir die Igel nicht ausgesetzt haben. Sicher hätten sie so einen strengen Winter nicht überlebt", sagte Lara auf dem Schulweg.

„Bestimmt müssen dieses Jahr viele junge Igel erfrieren oder verhungern", meinte Lena besorgt. „Schade, dass wir denen nicht auch helfen können. Wir wissen jetzt so viel über Igel, dass wir sie gut über den Winter bringen könnten. Aber die Igel wissen leider nichts von uns. Sie haben sich längst verkrochen." Sie schaute in den Schnee, als müssten gleich überall hungrige Igel zum Vorschein kommen. „Wir würden ja auch nur die ganz kleinen mitnehmen...", fügte sie hinzu.

Während die Mädchen den Berg zur Schule hochstapften, kam die alte Frau Specht in die Praxis des Vaters.

„Ich muss unbedingt zum Doktor rein", erklärte sie der Sprechstundenhilfe Annette. „Ganz dringend", wiederholte sie.

„Geht es Ihnen so schlecht, Frau Specht?“

„Nein, ja, das heißt, das kann ich nur dem Doktor erklären, es dauert auch nicht lange.“

„Na, dann setzen Sie sich mal ins Wartezimmer, Frau Specht. Wenn die anderen einverstanden sind, nehme ich sie als Nächste dran.“

„Danke, vielen Dank!“ Frau Specht setzte sich direkt neben die Sprechzimmertür. Vor ihre Füße stellte sie einen roten Einkaufsbeutel. Darin raschelte es. Die Blicke der wartenden Patienten wanderten von Frau Specht zu ihrem Einkaufsbeutel. Hatte er sich bewegt? Oder täuschten sie sich?

Frau Specht nahm eilig ihren Beutel auf den Schoß und sah die anderen unsicher an.

Da, wieder raschelte es. Doch ehe noch einer etwas fragen konnte, wurde Frau Specht ins Sprechzimmer gerufen. Eilig, den roten Beutel fest in der Hand, verschwand sie.

„Was gibt's denn, Frau Specht?“, fragte Michael. „Wieder das Herz?“

„Herr Doktor, mir geht's gut, ich kann nicht klagen. Aber sehen Sie mal, das arme kleine Tier hab ich heut‘ morgen gefunden, als ich meine Katzen füttern wollte.“ Umständlich kramte sie eine kleine Schachtel aus dem Einkaufsbeutel.

„Was haben Sie denn da?“ Neugierig beugte sich

Michael über die Schachtel. Er glaubte seinen Augen nicht zu trauen: Darin saß ein winzig kleiner, völlig verdreckter und von Flöhen übersäter Igel.

„Frau Specht, es ist ja gut und schön, dass Sie den kleinen Igel retten wollen, aber in der Praxis hier können wir ihn nun wirklich nicht gebrauchen! Am besten, Sie kommen mal mit."

„Ich dachte ja nur, dass vielleicht Ihre beiden Mädel... Die haben doch immer so viel Viehzeug. Und sie kennen sich aus mit kleinen Igeln, die Nachbarin hat's erzählt. Sie sagt, der da ist zu klein, er schafft es nicht über den Winter."

„Ja, ja, aber in der Praxis können wir den nicht auspacken."

Michael schob Frau Specht durch die Verbindungstür in die Wohnung.

„Marianne, komm doch bitte mal!", rief er.

Sie bereitete gerade das Mittagessen vor, denn ab zehn Uhr begann ihr Dienst in der Praxis, wo sie als Arzthelferin ihrem Mann half, die Patienten zu versorgen. Freundlich, aber wenig begeistert, nahm sie Frau Specht den Igel ab und quartierte ihn zunächst in einen größeren Pappkarton um. Frau Specht war es nun etwas peinlich, dass sie den Igel in die Praxis gebracht hatte. Sie murmelte einige entschuldigende Worte und verschwand. Michael ging wieder zu seinen Patienten.

Marianne gab dem Igel ein Schälchen mit Hundefutter, über das sich der kleine Kerl sofort hermachte. Das Baden und Entflöhen überließ sie lieber Lara und Lena. Außerdem musste auch sie in die Praxis runter. Zu ihrem Glück ahnte sie noch nicht, dass dieser soeben ins Haus gekommene Igel erst die „Spitze des Eisberges" sein sollte. Denn schon als die Kinder aus der Schule kamen, hatte sich die Zahl der Igel vermehrt.

„Hallo Mama, stell dir vor, unser Mathelehrer hat zwei kleine Igel gefunden. Sie wiegen nur vierhundert Gramm. Er hat eine kleine Wohnung und weiß nicht, was er mit ihnen machen soll. Die können wir doch zu unseren sechs aufnehmen!", rief Lena schon in der Tür.

„Unseren sieben Igeln", verbesserte Marianne seufzend.

„Wieso sieben?", fragten Lena und Lara wie aus einem Munde.

Marianne zeigte auf den Karton, der noch in der Küche stand.

Die Zwillinge schauten hinein.

„Der ist aber klein, höchstens zweihundertfünfzig Gramm", stellte Lena fachmännisch fest. „Hast du ihn schon versorgt?."

„Wie du siehst, habe ich ihm Futter und Wasser gegeben. Zum Baden, Entflöhen und Entwurmen reichte es nicht. Nebenbei habe ich nämlich auch in der Praxis zu tun!"

„Macht nichts. Den versorgen wir dann gleich mit den beiden anderen. Lutz und Lars holen sie nachher ab und bringen sie hierher."

„Sie wollen uns auch beim Umräumen des Kellers helfen", ergänzte Lara.

„Warum, bitte sehr, wollt ihr denn den Keller umräumen?", fragte Marianne erstaunt, denn der Keller war außerordentlich klein.

„Wir haben uns gedacht, wir räumen mal Papas Handwerkszeug auf. Wenn man alles in die Regale stapelt, ist genug Platz auf dem Fußboden. Da können die Igel prima rumlaufen. Draußen ist es jetzt nämlich zu kalt für sie."

Beide Mädchen sahen die Mutter erwartungsvoll an.

„Und das hat Papa euch erlaubt?", fragte Marianne verdutzt.

„Na ja, noch nicht, aber er hat sicher nichts dagegen. Wir legen den Boden mit Stroh und Heu aus und nehmen das alte Schlafhäuschen und das von draußen."

„Na, sprecht mal mit Papa. Wie ich euch kenne, werdet ihr ihn rumkriegen. Wie immer!"

Und so war es dann auch. Noch bevor Michael von den Krankenbesuchen kam, räumten Lena und Lara den Werkzeugkeller auf. Nicht eine Schraube lag am falschen Platz und alle Werkzeuge fanden Platz in den Regalen. Der Fußboden war leer. Nur der Schraubstock stand in der Ecke.

Michael blieb gar nichts anderes übrig, als seine Einwilligung zu geben.

„Aber, ihr müsst den Fußboden gut mit Zeitungspapier auslegen. Und täglich wechseln!", forderte er.

Die Töchter nickten und klopften ans Kellerfenster, wo gerade Lutz und Lars vorbeiliefen.

„Wieso schleppen die eigentlich fünf Kartons für zwei Igel?", wunderte sich Lara.

„Keine Ahnung, was sie in den anderen drei Kartons haben. Aber wir werden es ja gleich sehen."

„Hallo!", begrüßte Lara ihre Vettern. „Wozu habt ihr denn die drei leeren Kartons mitgebracht?"

„Leer, wieso leer?", fragte Lutz.

„Na, zwei Igel kannst du wohl schlecht in fünf Kartons verteilen."

„Nein, aber sieben Igel!"

„Wie viele?", Lena glaubte, nicht richtig zu hören.

FRAGILE!

„Sieben“, wiederholte Lars. „Wir haben auch welche gefunden und gleich auf die Briefwaage gesetzt. Alle unter vierhundert Gramm. Sicherheitshalber haben wir Peter angerufen. Er sagte, wir sollen sie mitnehmen. Bei der plötzlichen Kälte würden wahrscheinlich noch mehr untergewichtige Igel auftauchen. Sie suchen sogar am Tag Futter. Das bedeutet, sie kommen allein nicht durch.“

„O nein, wenn das Mama sieht“, stöhnte Lara. „Hoffentlich bekommen wir sie alle im Keller unter!“

„Somit haben wir jetzt vierzehn Igel, wenn ich richtig gezählt habe. Ach, du dickes Ei! Dann wollen wir mal ans Werk gehen.“ Auch Lena seufzte.

„Ihr habt ja schon alles vorbereitet“, meinte Lutz anerkennend. „Wie stellt ihr euch das mit dem Auslauf vor? Ein großes Gehege oder mehrere kleine?“

„Ganz einfach. Wir stellen rings herum in etwa einem Meter Abstand zur Wand Bretter hin und teilen immer nach einem Meter wieder ab. Die Stücke sind dann einen Quadratmeter groß. Nur unsere sechs Waisen lassen wir zusammen in einem größeren Auslauf“, schlug Lara vor.

Nach kurzer Zeit waren die Igelquartiere bezugsfertig. Die Raumtemperatur hatten die Kinder schon vorher gemessen. Weil nebenan der Heizungskeller lag, war die Temperatur gerade richtig: 19 Grad, wie es in den Büchern gefordert wurde. Nun ging es ans Baden und Entflöhen der Neuankömmlinge. Obwohl die Kinder inzwischen gut Bescheid wussten, dauerte es ziemlich lange, bis sie damit fertig waren und auch für alle Igel Futter hingestellt hatten.

Gerade wollten sie in die Küche gehen, um sich einen Tee zu kochen, als Michael von einem Krankenbesuch wiederkam. Laut hupend fuhr er in die Garage.

„Das macht Papa nur sehr selten. Das heißt, wir sollen ganz schnell kommen", rief Lena und rannte hinaus.

„Seht mal, was ich euch mitgebracht habe!" Michael öffnete den Kofferraum und ließ die Kinder hineinschauen.

„Das gibt's doch nicht! Das sind ja zwei, vier, sechs, acht - nein noch mal, zwei, vier, sechs - Papa wie viele sind es nun?", fragte Lena fassungslos.

„Es sind zwölf eindeutig für den Winterschlaf noch viel zu kleine Igel. Sie sind bei Peter abgegeben worden. Es waren noch mehr, aber die größeren hat er wieder ausgesetzt. Er fürchtet, die Leute sammeln jetzt alle Igel ein, die ihnen über den Weg laufen. Morgen erscheint ein Artikel von ihm in der Tageszeitung. Er fordert auf, nur die allerkleinsten Igel mitzunehmen. Im Zweifelsfall sollen die Leute bei ihm oder bei euch anrufen."

„Freu dich doch, Lena", sagte Lara und grinste. „Heute morgen hast du noch gejammert, dass wir den vielen Igeln draußen nicht helfen können. Nun hast du Gelegenheit dazu und das ist dir auch nicht recht."

„Natürlich ist es mir recht!", protestierte Lena. „Aber wo bringen wir sie unter? Und was wird Mama sagen? Das sind jetzt... vierzehn und zwölf ... Das sind sechsundzwanzig Igel!"

„Vielleicht stellen wir einige in großen Kartons in unser Zimmer, in die Küche und ins Bad", überlegte Lara laut.

„Ja, und die Kartons bekommen wir im Supermarkt." Lena wollte schon losrennen.

„Warte mal, Lena." Michael hielt sie am Arm fest. „Jetzt nehmt sie bitte erst einmal aus meinem Auto. Über die Unterbringung müssen wir uns später unterhalten. Da wird Marianne auch noch ein Wörtchen mitreden wollen."

Mit deutlich weniger Eifer wurden die Neuankömmlinge gebadet und versorgt. Zunächst kamen sie zu den anderen in den Werkzeugkeller. Eine Dauerlösung konnte das nicht sein, aber vorläufig fiel auch Marianne nichts Brauchbares ein.

Es kam noch schlimmer. Aus der ganzen Umgebung Spangenbergs wurden Igel abgeliefert, denn Laras und Lenas „Igelstation“ war inzwischen überall bekannt.

Alle Igel wurden sofort genauestens untersucht und gewogen, denn Igel, die über 650 Gramm wogen, brauchten nun wirklich nicht den Winter über gefüttert zu werden und konnten ihn sehr gut draußen in ihren Nestern verbringen. Es war sogar besser für sie, in ihrer natürlichen Umgebung zu überwintern. Die Kinder dachten zwar nicht gern daran, aber alle vier wussten sehr gut: Nicht alle Igel, die sie jetzt fütterten und versorgten, würden überleben, wenn man sie im Frühjahr wieder aussetzte.

So gaben sie denn manchen Igel seinem Finder wieder mit. Er musste ihn dann an der Stelle aussetzen, wo er ihn gefunden hatte. Das war sehr wichtig, denn ohne sein Nest hatte auch ein gut ernährter Igel keine Überlebenschance. Obwohl sie also nicht alle Igel behalten mussten, blieben letztlich weitere sechzehn stark untergewichtige und zum Teil sehr schwächliche übrig. Peter vermutete, dass durch den späten und feuchten Sommer viele Igeljunge zu spät geboren worden waren. Als es dann auch noch so früh kalt wurde, konnten sie ihr Gewicht nicht mehr aufholen.

Überall standen Kartons mit Igeln. Man konnte

kaum noch irgendwo hintreten, ohne über Igelkisten zu stolpern. Das Chaos war perfekt. Was aber das Schlimmste war: Trotz aller Pflege und Säuberung begann es im ganzen Haus mörderisch zu stinken, denn zweiundvierzig Igel machen nun einmal furchtbar viel Dreck.

Lena und Lara wunderten sich deshalb nicht, dass Marianne eines Tages forderte:

„Die Igel müssen weg! Sechs gingen ja noch, aber zweiundvierzig - das geht zu weit. Der Gestank zieht runter bis in die Praxis. Lasst euch etwas einfallen! Ich gebe euch zwei Tage Zeit."

„Sie hat Recht, es stinkt wie im kleinen Raubtierhaus. Die Patienten erzählen es in der Stadt, ich habe es neulich erst gehört." Lena schaute Lara traurig an. „Wir müssen uns mit Lutz und Lars treffen. Vielleicht fällt denen was ein."

Die Igelschar braucht ein Quartier

Lutz und Lars konnten keine Igel aufnehmen. Sie wohnten in einem Mehrfamilienhaus und hatten nur einen kleinen, vollgestapelten Keller. Aber ihre Eltern hatten einen Garten am Schlossberg mit einem kleinen Geräteschuppen. Dort hatten sich die vier Kinder verabredet.

Die Jungen warteten schon, als Lara und Lena kamen. Lars rieb sich seine vor Kälte roten Finger und hüpfte von einem Fuß auf den anderen. „Wo bleibt ihr denn? Wir erfrieren hier fast!"

„Für die Igel ist es hier auch zu kalt", stellte Lutz fest. „Die können wir nicht im Schuppen unterbringen. Was nun?"

„Wir haben schon mehrere Bauern gefragt, die Scheunen haben. Aber niemand will zweiundvierzig Igel aufnehmen."

Ratlos sahen die Kinder sich an. Da fanden die Leute kleine Igel niedlich und sammelten viel zu viele ein. Aber Platz für die Überwinterung hatte keiner.

„Wir müssen jemanden finden, der Tiere mag und

viel Platz hat." Lena ging in Gedanken alle Bekannten durch, die sie hatten.

„Wir wollten unseren Dachboden ausräumen", sagte Lars. „Aber Mama hat gesagt, der Gestank zieht durch alle Ritzen. Ich fürchte, sie hat Recht."

Lara schaute auf die Uhr. „Wir müssen gehen, um sechs habe ich Gitarrenunterricht. Hausaufgaben haben wir auch nicht gemacht."

„Na, dann viel Spaß. Winkelmännchen will morgen was über die Augen abfragen. Und da sagen immer alle, Bio wäre kein Stressfach. Auch 'ne blöde Kombination für einen Lehrer: Deutsch und Bio."

„Wenn ich Lehrer wäre, würde ich nur Kunst und Sport machen. Da muss man nicht so viel korrigieren."

Aber die Mädchen hörten gar nicht zu. Sie hatten andere Sorgen.

„Na, Lena?"

Am nächsten Morgen in der Biologiestunde kam Frau Winkelmann auf Lena zu und sah sie streng an. „Du weißt wohl alles über die Augen, oder? Sonst würdest du ja nicht ununterbrochen mit deiner Schwester und den beiden Herren" - damit meinte sie Lutz und Lars - „reden. Vielleicht erzählst du uns, was es so furchtbar Wichtiges gibt, dass du es nicht bis zur Pause aushalten kannst."

Lena senkte den Kopf und schielte Hilfe suchend zu ihrer Schwester hinüber.

Frau Winkelmann war ihre Lieblingslehrerin. Sie war immer gerecht und hatte viel Humor. Bei ihr machte das Lernen richtig Spaß. Es kam fast nie vor, dass Lena bei ihr nicht aufpasste. Aber jetzt wusste sie nicht einmal, was die Lehrerin gefragt hatte.

„Wissen Sie, Frau Winkelmann", begann Lena zögernd, „wir haben ein Problem. Ich konnte gestern nicht lernen, denn bei uns zu Hause stinkt es so."

Die Klasse brüllte vor Lachen und Frau Winkelmann hatte Mühe, die Meute zum Schweigen zu bringen.

„Bei euch stinkt es also derart, dass du nicht lernen kannst. Ich glaube, das solltest du uns mal erklären." Frau Winkelmann zwinkerte Lena freundlich zu. Man merkte, dass sie sich selbst kaum das Lachen verkneifen konnte.

Da fasste sich Lena ein Herz und berichtete von den Igeln. „Jetzt stinken sie so, dass es durch alle Ritzen in die Praxis zieht. Die Patienten beschweren sich schon, und Mama hat gesagt, noch zwei Tage, und einer ist schon um...", schloss sie atemlos.

DAS AUGE - UNSER

„Nun mal langsam, Lena. Zweiundvierzig Igel laufen bei euch rum? Wo um alles in der Welt habt ihr die denn untergebracht?“

„Im Keller. Und in meinem Zimmer. Im Bad stehen auch zwei Kartons. Und Mäxchen rennt den ganzen Tag herum und bellt die Igel an.“

„Also, dann glaub ich dir aufs Wort, dass es bei euch stinkt! Deine Mutter hat natürlich recht, wenn sie sagt, die Igel müssen weg. Und nun wisst ihr nicht, wohin mit ihnen. Das ist wirklich ein Problem. Ich denke, wir lassen jetzt die Augen Augen sein und reden über Igel.“

Lena, Lara, Lutz und Lars glaubten ihren Ohren nicht zu trauen.

„Alle sind jetzt angesprochen“, begann sie schon. „Wer hat eine Idee, wo man die Igel unterbringen kann?“

Mehrere Kinder erboten sich, in ihren Dörfern herumzufragen. Besonders bei den Bauern, die große Scheunen oder Keller hatten.

Viel versprachen sich Lena und Lara nicht davon. Sie hatten das selbst vergeblich versucht. Die Igel mussten ja auch regelmäßig gefüttert und versorgt werden.

Als es klingelte, hatten sie noch keine Lösung gefunden. Die Kinder mussten sich beeilen, um zu den

Bussen zu kommen, und so blieb keine Zeit mehr, die Sache weiter zu besprechen.

„Wir werden schon einen Ausweg finden“, sagte Frau Winkelmann zu Lara und Lena. „Ich rufe euch heute Nachmittag an.“

Der Nachmittag wollte so gar nicht vergehen. Nachdem die Mädchen die große Schar der Stacheltiere gefüttert hatte, nahmen sie das Telefon und legten es vor sich auf den Tisch und warteten. Aber niemand rief an. Schließlich begannen sie aus lauter Verzweiflung ihre Hausaufgaben zu machen. Viel wurde allerdings nicht daraus, denn nach einer halben Stunde klingelte endlich das Telefon.

Lara und Lena stießen beim Griff nach dem Telefon mit den Händen zusammen, jede wollte die zu erwartende Nachricht zuerst hören. Lara gelang es, den Hörer zu schnappen.

„Ja, hallo!“, rief sie aufgeregt.

Lena stellte sich so dicht daneben, dass sie auch hören konnte, was Frau Winkelmann sagte.

„Ich habe meinem Mann die Geschichte erzählt. Er meint, ihr könnt die Igel bei uns im Gewächshaus unterbringen. Aber die Arbeit müsst ihr übernehmen!“

Lara und Lena strahlten. „Und wann können die Igel umziehen?“

„Mein Mann kommt in einer Stunde und holt sie ab. Aber es müssen noch ein paar Kinder helfen. Vielleicht ruft ihr Lutz und Lars an. Wir brauchen viel Stroh und Heu, damit wir den ganzen Boden auslegen können."

„Wird gemacht!", rief Lara „Und vielen Dank, Frau Winkelmann!"

Nun begann ein wildes Telefonieren. Sie riefen nicht nur Lutz und Lars an, sondern alle Klassenkameraden, die in erreichbarer Nähe wohnten. Sie konnten viele Helfer gebrauchen!

Umzug ins Gewächshaus

Fast die halbe Klasse fand sich eine halbe Stunde später bei Lara und Lena ein. Die meisten brachten auch gleich etwas Nützliches mit. Einige schleppten Stroh oder Heu, andere stabile Pappkartons für die Schlafhäuschen oder Büchsen mit Katzen- und Hundefutter.

Den Clou aber lieferte Sebastian. Sein Vater war Holzhändler und wollte den Kindern Holz für das Gehege schenken. Er hatte genug Bretter, die er nicht mehr verkaufen konnte, die aber für den Zweck völlig ausreichten.

Als Herr Winkelmann mit seinem Anhänger kam, stand schon alles bereit zum Verladen. Zuerst wurden die Igel in ihren Kartons weggebracht. Dann kam Herr Winkelmann zurück, um vom Holzplatz die Bretter zu holen und Stroh, Heu und Laub zu befördern. Die Kinder folgten ihm mit den Fahrrädern.

Das Gewächshaus erwies sich als sehr geräumig. Man konnte also schöne große Gehege anlegen. Immer drei Igel sollten ein Gehege bekommen und den sechs Geschwistern wollten sie ein besonders großes bauen.

Nun wurde der Platz aufgeteilt. Am Ende des Gewächshauses kam über die ganze Breite das große Gehege für die sechs Igel, daran schlossen sich rechts und links je sechs Gehege von ein Meter fünfzig Breite und zwei Meter Tiefe an. So hatten die Igel jeweils drei Quadratmeter Auslauf. In der Mitte zwischen den Reihen blieb ein breiter Gang von fast zwei Metern für die Versorgung der Tiere.

Besonders günstig war es, dass der Boden die blanke, ziemlich feste Erde war. So konnten sich die Igel beim Laufen die Krallen abwetzen. Bei zu weichem Untergrund wuchsen sie zu schnell. Durch den großen Auslauf würden sie nicht verfetten und hatten ein gutes Training für ihr zukünftiges Leben in Freiheit.

Nachdem alles ausgeladen war, holte Herr Winkelmann seine Kreissäge und schnitt die Bretter so zu, dass die Kinder sie nur noch zusammennageln mussten.

Das war vielleicht ein Hin und Her, Rufen und Klopfen!

Jeder hatte genug zu tun, aber wie gewöhnlich gab es auch „Spezialisten“, die nur herumstanden und gar nichts taten.

„Frau Winkelmann", fragte Sonja. „Was machen Sie denn da?"

Sonja hatte immer eine etwas lange Leitung und die Kinder kicherten schon. Selbst Frau Winkelmann, die sonst die Geduld in Person war, verdrehte die Augen. „Na, was mache ich wohl?"

Sie war gerade damit beschäftigt, in den ersten fertigen Gehege Laub und Heu zu verteilen.

„Ich meine, warum schütten Sie das da rein?"

„Damit sich die Igel ein Nest bauen können, so wie sie es draußen in der Natur auch tun würden. Also, Sonja, mal'n bisschen die Denkmaschine ankurbeln, wäre auch ganz schön!"

„Ach so“, antwortete sie gedehnt. „Und dann stellen wir jedem Igel ein Schälchen Milch rein, ja?“

„Du spinnst wohl“, fauchte Lena sie an. „Sollen sie krank werden? In der Milch ist viel zu viel Milchzucker, davon bekommen sie Durchfall!“

Sonja ließ den Kopf hängen. Natürlich wollte sie das nicht! Jetzt tat sie Frau Winkelmann ein bisschen Leid.

„Weißt du was, mit der Milch hast du mich auf eine gute Idee gebracht. Wenn sie auch für die Igel nichts ist - uns würde ein schöner warmer Kakao bestimmt gut tun. Kommst du mit und hilfst mir?“

Sonja nickte und folgte ihr in die Küche.

Als der Kakao fertig war, hatten die Kinder im Gewächshaus ihre Arbeit nahezu beendet. Alle Igel waren gut untergebracht. Nachdenklich betrachtete Lara die neue Behausung der vielen Schützlinge. „Was die den Winter über alles zu fressen brauchen... Habt ihr euch eigentlich mal überlegt, was das pro Tag kostet?“

„Sicher eine ganze Menge“, meinte Sebastian. „Woher habt ihr denn bisher das Futter gehabt?“

„Meine Mutter hat es immer vom Einkaufen mitgebracht. Aber neulich hat sie gesagt, das sei ein ganz schön teurer Spaß. Auf die Dauer könnten wir das nicht allein bezahlen.“

Sebastian nickte. „Sagt mal, was die brauchen. Dann rechnen wir aus, wie viel Geld am Tag zusammenkommt."

„Wir brauchen zwei bis drei Kilo Dosenfutter, das macht je nach Sorte etwa drei Euro fünfzig bis fünf Euro", begann Lena. „Ein halbes Huhn kostet drei Euro, je ein halbes Kilo Hafer- und Hundeflocken zusammen ungefähr zwei Euro. Das sind schon etwa sieben Euro fünfzig bis neun Euro. Außerdem 500g Quark (etwa fünfzig Cent) vier bis fünf Bananen (ein Euro) fünf bis zehn Eier für ein bis zwei Euro – dann sind wir schon bei zwölf Euro fünfzig. Dazu kommen noch Futterkalk, Heilerde und Vitamintropfen. Also kommen wir auf etwa fünfzehn Euro pro Tag, das sind vierhundertfünfzig Euro im Monat... Wahnsinn!"

„Mensch, so viel? Das sind ja bis Mai zweitausendzeihundertfünfzig Euro!" Sebastian hatte seinen Taschenrechner gezückt. „Sagt mir noch mal die einzelnen Posten." Er rechnete und stellte schließlich fest: „Zweihundertvierzig Kilo Dosenfutter, sechzig Hühner, sechzig Kilo Haferflocken, sechzig Kilo Hundeflocken, sechzig Kilo Quark, vierhundertachtzig Bananen, sechshundert Eier. Du liebe Güte..."

„Wenn die Igel schnell zunehmen, können wir sie vielleicht Ende Dezember, Anfang Januar in den Winterschlaf gehen lassen, dann sparen wir eine Menge

Futter“, beschwichtigte Lutz.

„Ich glaube kaum, dass bis dahin alle schwer genug sind.“ Lena schüttelte besorgt den Kopf. „Peter sagt, wir würden sowieso nicht alle durchbringen. Und die kleinen schwachen Igel gehen mit Sicherheit ein, wenn sie Winterschlaf halten.“

Ratlos sahen die Kinder sich an. Herr und Frau Winkelmann verfolgten die Diskussion, sagten aber nichts dazu. Sie fanden es besser, wenn die Kinder allein auf eine Lösung kamen.

Die entscheidende Idee kam dann von einer, der es niemand zugetraut hätte: Sonja.

„Warum suchen wir uns keine Paten für die Igel?“, schlug sie zögernd vor. „Erwachsene, die für einen Igel bezahlen oder Futter bringen?“

„Das ist es!“, rief Lars und sah Sonja anerkennend an. „Wir machen einen Aufruf und bitten darum, eine bestimmte Summe für eine Igelpatenschaft zu zahlen.“

Sebastian hatte schon wieder den Rechner in der Hand. „Fünfundzwanzig Euro pro Igel“, stellte er fest,„oder Futter.“

„Frau Winkelmann, wir brauchen Papier und Stifte!“, rief Lara.

Alle gingen mit in Winkelmanns große Wohnküche und tranken Kakao. Nach einigem Hin und Her ent-

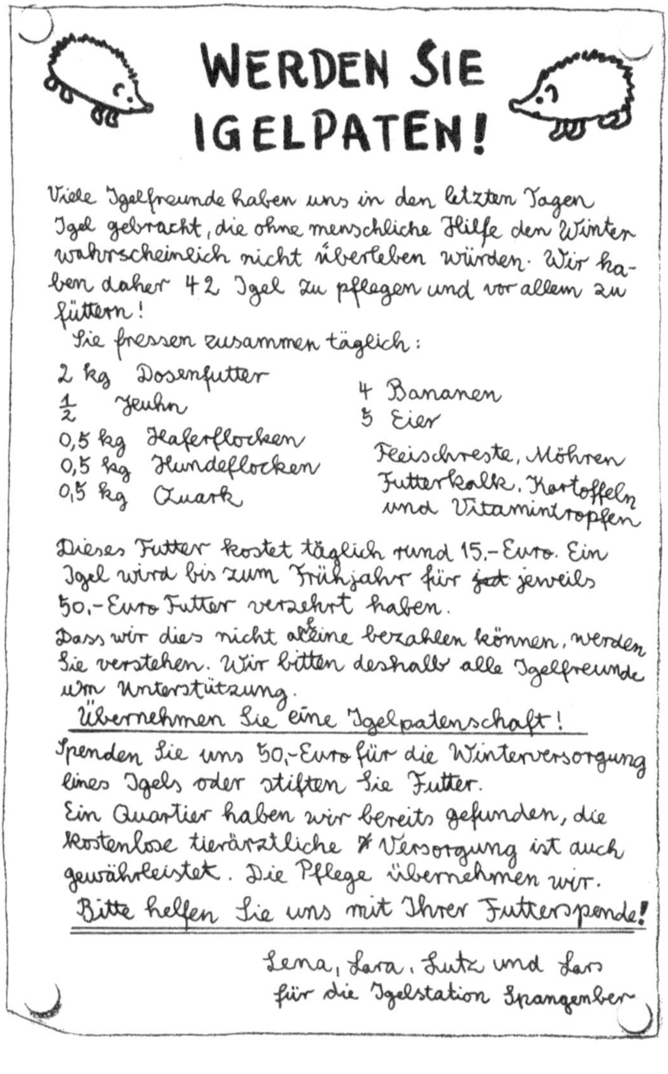

WERDEN SIE IGELPATEN!

Viele Igelfreunde haben uns in den letzten Tagen Igel gebracht, die ohne menschliche Hilfe den Winter wahrscheinlich nicht überleben würden. Wir haben daher 42 Igel zu pflegen und vor allem zu füttern!

Sie fressen zusammen täglich:

2 kg Dosenfutter
½ Zeuhn
0,5 kg Haferflocken
0,5 kg Hundeflocken
0,5 kg Quark

4 Bananen
5 Eier
Fleischreste, Möhren
Futterkalk, Kartoffeln
und Vitamintropfen

Dieses Futter kostet täglich rund 15,- Euro. Ein Igel wird bis zum Frühjahr für ~~jed~~ jeweils 50,- Euro Futter verzehrt haben.
Dass wir dies nicht alleine bezahlen können, werden Sie verstehen. Wir bitten deshalb alle Igelfreunde um Unterstützung.

Übernehmen Sie eine Igelpatenschaft!

Spenden Sie uns 50,- Euro für die Winterversorgung eines Igels oder stiften Sie Futter.
Ein Quartier haben wir bereits gefunden, die kostenlose tierärztliche ~~V~~ Versorgung ist auch gewährleistet. Die Pflege übernehmen wir.

Bitte helfen Sie uns mit Ihrer Futterspende!

Lena, Lara, Lutz und Lars
für die Igelstation Spangenber

stand folgender Aufruf:

Schon am nächsten Tag kopierte Frau Winkelmann den nun sauber abgeschriebenen Aufruf auf dem Schulkopierer. Nach der Schule verteilten die Kinder alle Bögen in Geschäften und klebten sie an Bäume und Zäune.

Bereits am selben Tag meldeten sich einige von denen, die Igel abgegeben hatten. Nach einigen Tagen türmten sich bereits die Dosen mit Katzen- und Hundefutter. Der nun „igelfreie" Werkzeugkeller füllte sich wieder. Der Gemüsehändler bot den Kindern an, bei ihm jeden Tag die schon etwas zu reifen und fleckigen Bananen abzuholen. Verkaufen konnte er sie ohnehin nicht mehr und die Igel mochten gerade die schon bräunlichen Bananen am liebsten. Auch Geldspenden gab es und dafür konnten Vitamintropfen, Heilerde und Futterkalk gekauft werden.

Die Klasse hatte jetzt einen Schichtdienst eingerichtet. Jeden Tag waren vier Kinder dafür zuständig, die Igel zu füttern. Bei vierundzwanzig Schülern war also jeder nur noch alle sechs Tage dran. Allerdings gab es dann jeweils viel Arbeit, bis der Futterbrei fertig war. Das änderte sich, als Frau Specht mit einer großen alten Küchenmaschine bei Lara und Lena auftauchte. Die benutzte sie schon lange nicht mehr, aber wegwerfen wollte sie nichts.

Zum Glück! Denn jetzt ging es viel schneller, aus all den Zutaten einen gut und gleichmäßig gemischten Futterbrei herzustellen.

Die Igel waren mit der Kost sehr einverstanden. Obwohl sie als Feinschmecker gelten und einen sehr ausgeprägten, individuellen Geschmack haben, lehnte keiner diese Futtermischung ab. Sie gediehen, wuchsen und nahmen in den nächsten Wochen prächtig zu.

Nur drei Igel, die von Anfang an ganz besonders klein und schwächlich gewesen waren, machten den Kindern Sorge. Einer zeigte Lähmungserscheinungen an den Hinterbeinen, die einfach nicht verschwinden wollten. Lena und Lara baten Peter, ihn und die beiden anderen zu untersuchen.

Er stellte fest, dass sich der Gelähmte wahrscheinlich durch Pflanzenschutzmittel vergiftet hatte. Eine Lähmung durch Überfütterung, nicht selten bei Igeln, konnte er ausschließen. Der Kleine war keineswegs zu dick und nahm besorgniserregend langsam zu.

Der zweite Problemigel hatte eine äußerst böse Augenentzündung, die Peter von nun an ständig behandelte. Aber die Entzündung war sehr hartnäckig und der Patient nahm ebenfalls nur langsam zu.

Dem dritten Kranken hatten vermutlich die Lungenwürmer schon so zugesetzt, dass er eine richtige

Lungenentzündung bekam.

Zwar erholten sich die drei langsam, aber sie blieben in ihrer Entwicklung weit hinter den anderen zurück.

Ende Dezember waren außer den drei Patienten alle so groß und schwer, dass sie noch in den Winterschlaf gehen konnten.

Herr Winkelmann senkte dafür die Heiztemperatur im Gewächshaus langsam zunächst auf 12 bis 14 Grad Celsius ab.

Eine Weile erhielten die Igel noch etwas Futter und frisches Wasser. Außerdem gab es eine Extraportion trockenes Laub und Heu, damit sie sich wärmere Nester bauen konnten. Das taten die Igel dann auch erstaunlich schnell. Als die Temperatur im Gewächshaus weiter abgesenkt wurde, waren bald alle Eingänge zu den Schlafhäuschen fest verstopft. Nun war es im Gewächshaus fast so kalt wie draußen, doch nie unter 0 Grad. Den nun fest schlafenden Igeln hätte auch Frost nichts ausgemacht, wohl aber der Heiz- und Wasseranlage des Gewächshauses.

Falls aus irgendeinem Grund der eine oder andere Igel aufwachen sollte, stand in jedem Gehege ein kleines Schüsselchen mit Katzentrockenfutter und eines mit Wasser.

Nun hatten die Kinder außer einem täglichen Kontrollgang durchs Gewächshaus nichts mehr zu tun. Die drei Problemigel waren wieder im Werkzeugkeller einquartiert und wurden von Lara und Lena versorgt.

Peter befürchtete allerdings, dass sie trotz guter Pflege wohl nicht lebensfähig sein würden. Jedenfalls nicht in der freien Natur.

Dass sie keinen Winterschlaf hielten, spielte dabei keine Rolle. Auch den anderen hätte es nicht geschadet, den Winter über wach zu bleiben.

Der Igel schläft nämlich nur, um Energie zu sparen: Er hat eine Körpertemperatur von 34 bis 35 Grad. Wird es draußen kälter, muss er viel Energie aufwenden, um seinen Körper warm zu halten. Also passt er sich der Außentemperatur an und senkt seine Körpertemperatur bis auf 4 bis 1,5 Grad ab. Gleichzeitig sinkt sein Herzschlag von 190 Schlägen in der Minute auf ca. 21 pro Minute. Er macht nur noch 1 bis 8 Atemzüge pro Minute, während es im wachen Zustand 40 bis 50 Atemzüge sind. Damit werden natürlich auch all seine Stoffwechselfunktionen gesenkt. Er lebt sozusagen auf „Sparflamme“, denn er muss ja auch ohne Nahrung allein mit seinen Fettreserven auskommen, da er nicht wie Eichhörnchen oder Hamster Vorräte anlegt. In einem milden Winter, wenn es noch genug Nahrung gibt, hat der Igel keinen Grund, in Winterschlaf zu gehen. Es kann vorkommen, dass er bis spät in den Dezember hinein aktiv ist.

Nur ein sehr früher und überraschender Kälteeinbruch ist für viele spät geborene Jungigel gefährlich. Und genau das war der Grund, warum in Spangenberg Ende Oktober so viele untergewichtige Igel gefunden worden sind wie noch nie.

Die Winterschläfer wachen auf

Der ungewöhnlich kalte Winter ging zu Ende. Es war März und der nahe Frühling überall zu sehen und zu spüren. Die Stare saßen bereits vor ihren Nistkästen und man hörte ihre Balzgesänge. Die letzten Schneereste tauten und im Garten blühten die ersten Frühlingsblumen.

Seit die Nächte frostfrei waren, fuhren Lara, Lena und ihre Cousins täglich zum Gewächshaus. Bald regte es sich in den Gehegen, die Igel erwachten aus dem Winterschlaf.

Das bedeutete viel Arbeit. Gerade die Aufwachphase, in der sich die Igel vom stark verlangsamten Stoffwechsel wieder auf den normalen umstellen, erfordert viel Energie von den Tieren. Wenn sie dann nicht genügend Nahrung finden, können sie noch nach dem glücklich überstandenen Winter sterben.

Wenn die Igel die Eingänge zu ihren Nestern frei machen, ist das ein eindeutiges Zeichen für das Ende des Winterschlafs. Bei einigen Schlafhäuschen waren die Eingänge bereits vom Nistmaterial befreit. Es war also Zeit, die Futtervorräte, die noch vom Herbst übrig waren, zum Gewächshaus zu bringen. Und der Gemüsehändler hatte von nun an wieder Abnehmer für seine matschigen braunen Bananen.

„Ab morgen soll's noch wärmer werden, fünfzehn Grad tagsüber", verkündete Lars eines Tages. „Jetzt wird alles ganz schön schnell gehen. In ein paar Wochen können wir die Igel freilassen."

„Aussetzen, meinst du...", Lara zuckte richtig zusammen.

„Ja, klar! Oder willst du, dass sie ewig eingesperrt bleiben?"

„Natürlich nicht", erwiderte Lara. Aber ein bisschen schwer würde ihr der Abschied schon fallen.

„Das Aussetzen müssen wir gut vorbereiten", sagte sie nur.

Lena nickte. „Mitte Mai, spätestens nach den Eisheiligen, sollten alle draußen sein. Bis dahin müssen wir wissen, wo wir sie aussetzen."

„In den Osterferien nehmen wir die Wanderkarte und fahren mit den Rädern los und suchen Stellen, wo wir Igel freilassen können", schlug Lutz vor. „Auch Gärten und Parks sehen wir uns an."

„Gut, dass wir aufgeschrieben haben, wo die Leute die Igel gefunden haben", sagte Lars. Das würde die Suche erleichtern, denn in der Nähe der Fundorte mussten die Igel ja gelebt haben.

Tatsächlich wurde es in den folgenden Tagen merklich wärmer. Fast gleichzeitig verließen die Igel ihre Nester.

Die Kinder hatten alles bestens vorbereitet, keiner ihrer Pfleglinge sollte jetzt hungern!

In jedem der zehn Gehege stand eine Schale mit Futter und eine mit frischem Wasser. Als die Igel mit noch etwas wackeligen Beinen, fast wie betrunken, aus ihren Nestern torkelten, fielen sie sofort über Futter und Wasser her.

Auf diesen Tag hatten sich die Kinder seit Wochen gefreut. Gespannt beobachteten sie, wie ein Igel nach dem anderen aus dem Schlafhäuschen kam.

„Seht mal, wie die zwei dort drüben ihre schwarzen Knubbelnasen heben!“, flüsterte Lena. Sie wusste, dass Igelohren sehr empfindlich sind und dass Igel besonders vor plötzlichen Geräuschen leicht erschrecken. Deshalb redeten auch die anderen ganz

leise.

„Aber der eine hat Schnupfen, dem tropft ja direkt die Nase“, stellte Lars besorgt fest.

„Quatsch, der hat keinen Schnupfen. Das ist ganz normal, wenn Igel schnüffeln. Sie können dann den Geruch besser aufnehmen und orten. Du musst mal wieder ein Igelbuch lesen“, erklärte Lena.

Sie hatte wohl etwas zu laut gesprochen, denn der Igel rollte sich zusammen. Doch schon nach wenigen Sekunden kam die Nase wieder hervor. Der Igel schnüffelte und suchte weiter, jetzt in der richtigen Richtung. Es dauerte nicht lange und er hatte den gefüllten Futternapf erreicht.

Inzwischen konnte man hören, wie es den Igeln schmeckte. Sie schmatzten so laut, dass Lars ihnen zurief: „Nun benehmt euch mal, ihr kleinen Ferkel!“

Lena lachte. „Ich möchte mal hören, wie du vor Gier schmatzt, wenn man dich zwei Monate hungern lässt!“

„Ich würde keineswegs schmatzen. Mit mir wäre es dann nämlich aus“, stellte Lars fest. „Ich bin ja kein Igel, der auf Sparflamme leben kann!“

Fünfzehn Igel waren bisher zu sehen. Jeder, der dazukam, wurde von den Kindern erleichtert begrüßt. Wie viele waren wohl noch am Leben?

Peter hatte die Kinder darauf vorbereitet, dass es

auch bei bester Pflege nicht alle schaffen würden. Sie wussten auch, dass es sehr ungewiss war, wie viele noch nach dem Aussetzen eingingen. Aber sie hofften, dass die meisten stark genug waren. Zweiundvierzig Igeln, die den strengen Winter mit Sicherheit nicht überlebt hätten, hatten sie eine Chance gegeben weiterzuleben. Und darauf waren sie mit Recht stolz.

Lena hatte die Küchenwaage mitgebracht. Jetzt griff sie einen Igel aus dem Gehege und setzte ihn drauf.

„Achthundert Gramm wiegt er, das ist doch ganz gut“, meinte Lars.

Was er vorher gewogen hatte, war nicht mehr feststellbar, denn die Stacheltiere konnte man nicht auseinanderhalten. Aber sie wussten, dass freilebende Igel im Winterschlaf durchschnittlich fünfundzwanzig Prozent abnehmen. Ihre mussten weniger abgenommen haben, denn so schwer war keiner gewesen. Sie hatten ja auch nicht so lange geschlafen wie draußen und im Gewächshaus war es nicht so kalt gewesen.

Bis zum späten Abend erschienen zweiunddreißig Igel vor ihren Nestern und begannen zu fressen.

„Länger können wir nicht mehr bleiben, sonst kriegen wir Ärger zu Hause.“ Lena seufzte.

„Es fehlen also noch sieben Igel“, stellte Lars fest. Drei habt ihr zu Hause in Pflege, zweiunddreißig sind da.“

„Vielleicht kommen sie morgen Abend raus“, sagte Lara hoffnungsvoll. „Wir rufen Peter noch an, dass er die wachen Igel untersucht. Vielleicht können wir auch vorsichtig in die Nester schauen.“

In diesem Moment kam Frau Winkelmann ins Gewächshaus. Sie hatte gesehen, dass noch Licht brannte. Sie freute sich mit den vier Kindern über die zweiunddreißig putzmunteren Igel.

„Nun aber Schluss“, forderte sie und knipste das Licht aus. „Bis morgen - und zwar zur ersten Stunde!“

Zeit für den Abschied

Die Schulstunden zogen sich am nächsten Tag endlos hin. Zu allem Überfluss gab es eine Menge Hausaufgaben. Die Cousins waren gleich nach der Schule mit zu Lena und Lara gekommen. Der Einfachheit halber gab es heute mal wieder Arbeitsteilung: Lena löste die Matheaufgaben, Lars machte die Englischübersetzung, während Lara und Lutz gemeinsam eine Karte für Geographie zeichneten. Die anderen mussten dann nur alles - mit leichten Änderungen - in ihre Hefte übertragen.

Die Methode war bewährt, hatte ihnen aber auch schon Ärger eingebracht. Denn die Lehrer wussten natürlich, welche Stärken und Schwächen jeder aus dem Kleeblatt hatte. Das mussten sie aber riskieren, sonst reichte die Zeit nicht. Gegen vier Uhr waren sie fertig.

Lara steckte die Aufzeichnungen ein, denn sie wollten vergleichen, wie viel die Igel im Schnitt zugenommen hatten. Gegen fünf wollte Peter kommen. Bis dahin mussten sie möglichst alle Igel gewogen haben. Sie radelten zum Gewächshaus. Zuerst einmal gab es Futter für alle Igel: fünfunddreißig zählten sie heute. Also waren noch drei aufgewacht. Nur vier fehlten. Nun holten Lutz und Lars die Igel nacheinander aus den Gehegen. Lena wog sie, und Lara notierte jeweils das Gewicht.

Plötzlich rief Lars: „Kommt mal her! Der hier sieht irgendwie komisch aus. Und wenn man ihn anfasst, bewegt er nicht einen Stachel."

Alle vier starrten auf den reglosen Igel, bis sich Lara schließlich ein Herz fasste und ihn mit einer kleinen Schaufel aus dem Nest hob.

„Sieht nicht gut aus", sagte sie und legte ihn auf den blanken Fußboden.

„Der ist tot", stellte Lutz fest. „Da kann man nichts machen."

„Vielleicht kann Peter feststellen, woran er gestorben ist", meinte Lars. „Der hier ist also Nummer sechsunddreißig. Hoffentlich sind die fehlenden drei nicht auch tot."

Als Peter kam, durchsuchten sie mit ihm alle Nester. Sie fanden einen weiteren toten Igel und einen, der noch ganz fest zu schlafen schien. Den ließen sie erst mal liegen.

„Zwei Igel sind tot und einer schläft noch. Was haben wir mit denen nur falsch gemacht?" Lena war traurig.

„Gar nichts!“, rief Peter. „Ich kann euch nur gratulieren zu diesem Ergebnis. Meistens sind es viel weniger, die durchkommen.“

„Aber woran sterben sie denn überhaupt, wenn sie genug Futter haben, entwurmt werden und alles?“, wollte Lutz wissen.

„Das ist schwer zu sagen. Vielleicht waren sie zu schwach oder sie hatten wieder Parasiten oder von Anfang an Pflanzengifte im Körper.“ Er drehte die leblosen Körper mit der Schuhspitze auf die Seite.

„Wir sollten uns lieber um die lebenden Igel kümmern. Gibt es welche mit Durchfall, sind manche noch extrem wackelig auf den Beinen?“

Wie auf Kommando schüttelten alle die Köpfe. Lena holte die Liste mit den Wiegeergebnissen.

„Sehr viel abgenommen haben unsere Igel nicht“, stellte sie fest. „Ich habe vorhin ausgerechnet, dass sie nur etwa zehn bis zwölf Prozent ihres Körpergewichtes verloren haben.“

„Sehr gut“, lobte Peter. „Nun will ich mir mal den Langschläfer ansehen.“

Der rührte sich nicht einmal, als Peter ihn anfasste.

„Nehmt ihn lieber mit nach Hause und steckt ihn zu den drei Patienten“, schlug er vor. „Da habt ihr ihn besser unter Kontrolle. Wenn er erwacht, muss er sofort besonders energiereiche Nahrung haben: Hackfleisch mit einem Teelöffel voll Traubenzucker und etwas Wasser. Und gebt noch ein paar Vitamintropfen dazu."

„Und was wird mit den anderen?", fragte Lena.

„Die sehen doch prächtig aus! Mit denen brauchen wir vorläufig gar nichts zu machen. Erst sollen sie sich mal satt fressen. Vor dem Aussetzen bekommen sie noch mal etwas gegen Würmer und Parasiten. Meldet euch, wenn ihr mich braucht. Ich muss weiter."

Am nächsten Tag wurde in der Schule wieder der „Futterdienst" eingeteilt. Frau Winkelmann hatte nämlich die Sache mit den gemogelten Hausaufgaben gemerkt. Sie forderte energisch, dass das Kleeblatt bei den Igeln entlastet wurde. Aber besonders Lena und Lara fiel es gar nicht leicht, zu Hause zu bleiben. Meistens gingen sie wenigstens mal nachsehen, auch wenn sie gar nicht dran waren.

Die Igel entwickelten sich in den nächsten Tagen und Wochen großartig. Auch der „Langschläfer" erwachte und konnte zusammen mit den drei anderen Problemigeln nun noch für einige Zeit ins Gewächshaus ziehen. Die Nächte waren noch immer ziemlich kalt und Peter hielt es für besser, mit dem Aussetzen zu warten.

Die Kinder waren froh darüber, denn Ostern stand vor der Tür und in den Ferien war genügend Zeit, um nach geeigneten „Igelrevieren“ zu suchen. Stundenlang fuhren sie mit den Fahrrädern durch Spangenberg und die angrenzenden Ortschaften. Besonders interessant waren Gärten, in denen es dichte Hecken, Holzhaufen oder andere Unterschlupfmöglichkeiten gab. Außerdem suchten sie die Umgebung ab, wo im Herbst Igel gefunden worden waren. Bald sahen sie ihren Heimatort nur noch mit Igelaugen: Gab es hier Futter, war Wasser in der Nähe und die Straße weit genug entfernt? Nur die besten Stellen

wurden auf der Karte angekreuzt.

Ende April war es Zeit, die Igel noch einmal gründlich zu untersuchen. Peter nahm Kotproben, fand aber keine Anzeichen für Wurmbefall. Trotzdem bekam jeder Igel noch eine vorbeugende Spritze. Peter war mit dem Gesundheitszustand der Pfleglinge sehr zufrieden. Nun konnten sie sich ohne Parasiten an das Leben in der Freiheit gewöhnen. Allerdings würden sie wohl bald wieder welche haben. Und mancher würde am Gift sterben, das jetzt im Frühjahr leider an vielen Stellen gesprüht wurde. Aber aussetzen musste man sie trotzdem. Igel gehören in die freie Natur.

Die Kinder wollten ihre Schützlinge ganz allein in die Freiheit entlassen. Sie versprachen, sehr gut aufzupassen, wenn sie die Kartons und Körbe auf die Fahrräder packten. Fast alle aus der Klasse waren entschlossen, dabei zu sein.

Mit den ausgewählten Gebieten, die Lara und Lena anhand der Karte mit Peter besprochen hatten, war er sehr einverstanden. Er riet ihnen, Reisighaufen an den Stellen zu errichten, damit die Igel gleich Unterschlupf fanden.

Als Erste wurden die Sechslinge ausgesetzt, die Lara und Lena an der Straße gefunden hatten. Zur großen Freude der Zwillinge durften die sechs ganz in der Nähe bleiben: im eigenen Garten.

Dort gab es dichtes Gebüsch und Michael ließ immer, wenn er die Obstbäume ausschnitt, einen Teil der Äste am Gartenzaun liegen. Das war nicht nur für die Igel ein guter Unterschlupf. Außerdem gab es eine Vogeltränke im Garten. Dort konnten auch die Igel trinken. Und das Wichtigste: Der Garten war von den Nachbargrundstücken durch einen normalen Holzzaun abgetrennt. Kein Problem für Igel, die sich durch viel engere Zwischenräume zwängen können. Mehrere Igelfamilien fanden hier ein ausreichendes Revier.

Dann kam der große Tag oder besser gesagt, Abend. Es war ein lauer Maiabend und der Wetterbericht hatte weiterhin trockenes, warmes Wetter gemeldet. Die inzwischen sehr stattlichen Igel wurden in Körbe und Taschen gepackt, auf die Gepäckträger verladen oder an die Lenkstangen der Fahrräder gehängt. Dann setzten sich fast zwanzig Kinder in Bewegung. An jedem der Reisighaufen wurden ein oder zwei Igel entlassen. Vorher hatten natürlich alle noch das gewohnte Futter bekommen.

Sobald die Igel auf den Boden gesetzt wurden, machten sie sich eilig und zielstrebig davon.

Ein letztes Mal fuhren die Kinder zum Gewächshaus. Am liebsten wären sie gleich wieder umge-

kehrt, so leer und trostlos kam es ihnen vor. Aber sie mussten noch aufräumen und sauber machen. Einige aus der Klasse hatten sich gedrückt und waren gleich nach Hause gefahren. Aber zwölf waren sie immer noch und die Arbeit ging gut voran.
Ein bisschen traurig standen sie eine Weile später vor dem leeren, ungewohnt sauberen Gewächshaus.
Frau Winkelmann sah das Trüppchen vom Haus aus und konnte sich vorstellen, wie den Kindern zumute war.

„Schuhe aus und rein in die Küche!", rief sie. „In meinem Gefrierschrank steht eine Riesen-Eistorte!"

Beobachtungen im Garten

Seit einigen Tagen lebten die sechs Igel schon im Garten. Das heißt, genau wusste es niemand, denn sie ließen sich nicht blicken. Peter hatte empfohlen, sie zunächst nicht zusätzlich zu füttern. Sie sollten völlig unabhängig vom Menschen werden. Die Kinder sahen das ein, aber leicht fiel es ihnen nicht.

„Ich möchte mal wissen, was die Igel den ganzen Tag da draußen machen." Lara stand am Fenster und schaute in den Garten.

„Schlafen", sagte Lena trocken. „Frag lieber, wo sie nachts rumlaufen."

„Stimmt. Weißt du was, wir könnten uns doch mal im Garten auf die Lauer legen. Lars und Lutz haben bestimmt auch Lust. Sie könnten hier schlafen, da macht es nichts, wenn es spät wird."

„Das machen wir", stimmte Lena zu.

Wenn die Zwillinge einen Plan hatten, wurde er nie auf die lange Bank geschoben. Unverzüglich eilten sie zum Telefon und besprachen die Sache mit den Cousins. Die Eltern würden schon zustimmen!

Es blieb ihnen auch kaum etwas anderes übrig, denn am Abend wurden beide Elternpaare vor vollendete Tatsachen gestellt: Samstag würden Lutz und Lars bei Lara und Lena übernachten.

Schon am Nachmittag begannen die vier Kinder mit den Vorbereitungen für die nächtlichen Beobachtungen. Sie schleppten die Gartenbank in die Nähe des Reisighaufens am Zaun, legten Taschenlampen und warme Sachen bereit. Die Nächte waren auch jetzt im Juni etwas frisch. Und wahrscheinlich würden sie lange bewegungslos an einer Stelle sitzen und warten müssen.

Endlich begann es zu dämmern und es konnte losgehen. Fast lautlos schlichen sie sich auf ihren Beobachtungsposten. Langsam vergingen etwa zwanzig Minuten. Es wurde dunkler. Doch die Augen der Kinder hatten sich so an das Dämmerlicht gewöhnt, dass sie trotzdem recht gut sehen konnten.

Plötzlich knisterte es leise. Eine schwarze Knubbelnase schob sich aus dem Blätterhaufen hervor und sog die Nachtluft ein. Einen Augenblick stand der Igel vor seinem Nest. Er schüttelte sich, so dass die Stacheln leise raschelten. Dann begann er sich zu kratzen, erst mit der rechten Hinterpfote am Kopf, am Rücken und überall, wo er nur hinkam, dann das gleiche mit der linken Hinterpfote. Wieder und wie-

der schüttelte er sich, schnüffelte zwischendurch und setzte sich schließlich in Bewegung. Nun steckte er seine Nase unter ein Stück Holz und drehte es um. Die darunter sitzenden Kellerasseln sowie zwei kleine Nacktschnecken verspeiste er schmatzend. Er lief weiter und schnappte erst einen Käfer, dann eine Spinne und einen fetten Regenwurm.

„Was hat er denn jetzt?“, flüsterte Lara. „Es klingt ja, als ob er etwas zerbricht.“

Lutz beugte sich vorsichtig runter. „Er hat eine Gehäuseschnecke gefunden“, erklärte er leise.

Mit Genuss verspeiste der Igel die Schnecke samt Häuschen, denn damit deckte er gleich seinen Kalkbedarf. Jetzt stellte ihm ja niemand mehr Futterkalk hin.

Der Igel ließ sich von der Anwesenheit der Kinder überhaupt nicht stören. Er schien sie gar nicht zu beachten. Ziemlich schnell lief er hin und her. Bald war er im Erdbeerbeet, dann wieder zwischen den Stauden. Besonderes Interesse zeigte er für die Dahlien. Dort gab es viele Nacktschnecken, die sich über die jungen Triebe hermachten. Die schienen ihn darüber hinwegzutrösten, dass es im Garten weder Frösche, Eidechsen noch Schlangen gab. Mehr Glück würde er bei der Suche nach dicken Raupen und nestjungen Mäusen haben. Vielleicht fand er sogar Eier eines bodenbrütenden Vogels, ein Leckerbissen für Igel, den ihm die Kinder allerdings nicht gerne gönnen würden.

Gerade flitzte eine Maus durchs Gebüsch, dicht an dem Igel vorbei.

„Komisch, dass die Leute früher dachten, Igel wären gute Mäusejäger“, sagte Lars leise. „Die Mäuse sind doch viel zu schnell, da hat der Igel gar keine Chance.“

„Pst“, machte Lena, denn plötzlich erschien ein zweiter Igel.

Beide Igel gingen aufeinander zu. Sie senkten die Köpfe, stellten die Nackenstacheln auf und knufften sich. Dann trippelten sie umeinander herum. Es sah fast aus, als hätten sie Rollen unter dem Körper.

„Da kommt ja noch einer“, flüsterte Lena aufgeregt. „Aus dem Erdbeerbeet.“

„Ob der auch noch anfangen wird zu knuffen?“ Auch Lars redete ganz leise, obwohl die Igel gar keine Notiz von den Kindern nahmen.

Die beiden Widersacher waren so mit sich selbst beschäftigt, dass sie den dritten zunächst gar nicht bemerkten. Erst, als sie zufällig in seine Nähe kamen, stutzten beide. Sie blieben stehen und hoben die Nasen. Plötzlich schienen sie ihren Kampf zu vergessen und liefen auf den dritten Igel zu.

„Das ist ein Weibchen“, meinte Lutz, „sonst würden sie ihn angreifen.“

Das Weibchen schien die beiden Männchen gar nicht zu bemerken. Doch das täuschte. Als sich das eine Männchen bis auf wenige Zentimeter genähert hatte, lief es einige Meter weiter. Beide Männchen trippelten hinter ihr her. Als sie das Weibchen fast erreicht hatten, gingen sie wieder aufeinander los. Blitzschnell stellten sich erneut ihre Nackenstacheln auf.

„Jetzt kommen sie erst so richtig in Fahrt“, stellte Lars fest.

Die beiden Männchen versuchten nun erbittert, den Gegner irgendwie zu unterlaufen oder ihn seitlich, an nicht bestachelten Stellen, zu treffen. Außerdem versuchten sie sich gegenseitig zu beißen, was ihnen auch hin und wieder gelang.

Das Weibchen war weitergelaufen, blieb dann aber stehen und schien den Kampf aufmerksam zu verfolgen.

Nach ungefähr fünfzehn Minuten rollte sich plötzlich das eine Männchen zusammen. Damit war der Kampf beendet, denn es hatte aufgegeben. Sofort ließ sein Gegner von ihm ab und wandte sich dem Weibchen zu. Das besiegte Männchen machte sich aus dem Staub und zwängte sich durch den Zaun in den Nachbargarten.

Das Igelweibchen schien sich mehr für den Kampf als für den Sieger interessiert zu haben. Nun wollte es von dem Helden nichts wissen und wich ihm entweder aus, bedrohte ihn oder puffte ihn ein wenig.

Als das alles nichts half, rollte es sich schließlich zusammen.

„Spannend, was?“, zischte Lena. „Meint ihr, wir können heute noch die Paarung beobachten? Vielleicht gibt es bald Igelkinder in unserem Garten!“

„Na, so schnell geht das sicherlich nicht“, meinte Lutz. „Die Dame da sieht ziemlich abweisend aus. Heute passiert bestimmt nichts mehr.“

Er behielt recht. Nach wenigen Minuten trollte sich das Männchen. Das Weibchen vergewisserte sich, dass die Luft rein war, und eilte in entgegengesetzter Richtung davon.

Die Igel-Kinderstube

Die beiden Mädchen wollten aber jetzt genau wissen, ob mit Igelnachwuchs in ihrem Garten zu rechnen war.

Fast jeden Abend legten sie sich auf die Lauer. Manchmal kamen auch die Cousins dazu. An manchen Tagen sahen sie gar keinen Igel. Mehrmals beobachteten sie einen einzelnen auf Futtersuche. Ob Männchen oder Weibchen - das war natürlich nicht festzustellen.

Dann endlich, in einer besonders warmen Juninacht, traf ein männlicher Igel wieder auf ein Weibchen. Ein Konkurrent war nicht in Sicht. Aufgeregt umrundete er das Weibchen. Doch er schien wenig Anklang zu finden. Das Weibchen fauchte und zog den Kopf ein.

„Die lässt ihn ganz schön abblitzen." Lena amüsierte sich. „Und Geräusche macht sie! Das klingt, als ob jemand mit den Zähnen klappert."

„Graf Dracula kommt aus der Gruft und klappert mit dem Gebiss", zischte Lars und gab Lena einen Stoß, dass sie fast von der Bank fiel.

„Hört auf mit dem Quatsch! Ihr stört die Igel!“, flüsterte Lara.

Beide Igel waren stehen geblieben und schienen zu „sichern“. Das Weibchen sah dabei sehr merkwürdig aus: Die Nase zeigte in die Luft, den Bauch hatte es flach an den Boden gedrückt und den Rücken nach unten durchgebogen.

Und dann geschah es: Das Männchen trippelte eilig zum Weibchen und bestieg es von hinten. Seine ungeschützte Bauchseite lag dabei direkt auf den Stacheln des Weibchens. Die Vorderpfoten stützten sich ebenfalls auf den Stacheln ab.

„Jetzt paaren sie sich! Dem Männchen scheinen die Stacheln des Weibchens gar nichts auszumachen.“ Lara war ganz aufgeregt. Auf diesen Augenblick hatten sie schon so lange gewartet!

„Nun gibt es also bald kleine Igel bei uns“, stellte Lena befriedigt fest.

Aber so klar war die Sache keineswegs. Man nimmt zwar an, dass Igel mit zehn Monaten Junge bekommen können, aber einige Forscher meinen auch, dass sie erst im zweiten Jahr geschlechtsreif werden.

Auf jeden Fall werden Versuche im ersten Jahr oft abgewehrt oder scheitern. Aber auch später ist nicht jeder Paarungsversuch erfolgreich. Viele Igelweibchen bekommen auch nach mehreren Versuchen keine Junge.

„Ob es wirklich zwei von unseren sechs ausgesetzten Waisen sind?“, fragte Lena leise.

Lara zuckte die Schultern. Sicher konnten sie da natürlich nicht sein, aber es war doch sehr wahrscheinlich. Die Igel waren ungewöhnlich zutraulich und hatten sofort die vorbereiteten Quartiere angenommen. Andererseits konnten auch andere Igel an den Quartieren Gefallen gefunden haben. Für ausgewachsene Tiere wäre es kein Problem, die Jungigel zu vertreiben.

„Ist doch eigentlich auch egal, welche Igel es sind“, meinte Lara abschließend. „Hauptsache, wir können sie beobachten, ohne dass sie sich stören lassen. Guckt mal, die beiden sind immer noch zu Gange.“

Jetzt rannte die Igelin sogar mit dem Männchen auf dem Rücken los. Nach einigen Schritten stieg das Männchen ab, verfolgte aber das Weibchen beharrlich.

Schon nach wenigen Minuten wollte er wieder aufsteigen, doch das schien ihr zu viel zu sein. Sie rollte sich einfach zusammen. Er stupste sie mit den Nackenstacheln, hatte aber keinen Erfolg. Nach einer Weile trollte sich der Igel und kurz darauf verschwand auch das Weibchen.

Die Kinder hatten gar nicht gemerkt, dass mehr als zwei Stunden vergangen waren. Sie mussten schnell ins Haus.

Auf der Terrasse standen Marianne und Michael. „Das war ja ein Geraschel und Schnauben und Schnaufen! Bis hierher waren die Igel zu hören", sagte Michael.

Es sah ganz so aus, als würde die Igelin im Garten bleiben und ihr Wochennest vorbereiten. Lara und Lena hatten ein Holzhäuschen gebaut, wo sie sich sofort einnistete. Nun wussten die Kinder natürlich ganz genau, dass man jedes Tier, das Junge bekommt, absolut in Ruhe lassen muss. Aber schade war es doch, sich jetzt zurückzuziehen. Es wäre eine einmalige Gelegenheit, in eine Igelkinderstube zu schauen. Sie sprachen mit Peter darüber. Zu ihrer Überraschung meinte er, sie dürften es ausnahmsweise probieren.

Allem Anschein nach war es doch eines von den ausgesetzten Tieren, denn die Igelin ließ sich durch die Kinder kaum stören. Sie war also schon zahm und an Menschen gewöhnt.

Von nun an bekam sie täglich Leckerbissen und wurde sehr zutraulich. Jeden Abend stand sie bereit und wartete auf die kleine Sonderportion. Die

Hauptnahrung suchte sie selbst. Jeden Abend brachten ihr die Kinder sozusagen ein „Bonbon“, um das Igelweibchen noch zutraulicher zu machen. Manchmal ließ es sich dann sogar von Lena mit dem Finger am Bauch kraulen, was ihm zu gefallen schien.

Jeden Tag nahmen die Kinder auch den Deckel des Häuschens ab, um die Igelin daran zu gewöhnen. Nach einiger Zeit lag sie dann meist ausgestreckt im Nest, blinzelte ein wenig mit ihren schwarzen Knopfaugen ins helle Tageslicht und rührte sich nicht von der Stelle. Genauso sollte es auch sein. Die Mädchen wollten ja später die Jungen beobachten. Und das durfte für die Mutter keinesfalls eine Störung bedeuten.

In den letzten Tagen der Tragzeit öffneten die Kinder das Igelhäuschen immer vorsichtiger und immer gespannter. Wann würden die kleinen Igel wohl dasein?

Am Nachmittag des 34. Tages nach der von ihnen beobachteten Paarung hoben die Kinder wieder den Deckel ab.

Fünf rosaweißliche, winzige Igel lagen zufrieden am Bauch der Mutter. Höchstens 5 bis 6 cm lang waren sie. Deutlich konnte man die winzigen, etwa

5 mm langen Stacheln sehen. Sie sahen fast wie weiße Stecknadeln aus. Aber wahrscheinlich waren sie noch ganz weich. Die Igelbabys hielten die Augen fest geschlossen.

Lautlos schloss Lena den Deckel wieder. Die Zwillinge zogen sich so vorsichtig zurück, dass die Igel in ihrem Nest durch kein Rascheln oder Knistern gestört wurden.

Erst als sie genügend Abstand vom Nest hatten, führten sie einen wahren Freudentanz auf.

„Heute Abend bekommt sie eine Extraportion Futter!“, rief Lara. „Wir rufen Peter an, der kommt bestimmt gleich.“

Die beiden liefen ins Haus. „Mama, Mama, wir haben Igelkinder!“ Aber niemand antwortete. Nun rannten sie runter in die Praxis.

„Annette, ist Papa da?“, fragte Lena.

„Er ist im Sprechzimmer. Was gibt's denn?“

„Wir haben fünf kleine Igel! Das müssen wir ihm sofort erzählen.“

Aber Annette schüttelte den Kopf. „Ihr könnt jetzt auf keinen Fall rein. Es wird auch noch eine Weile dauern.“

Enttäuscht zogen sich die beiden zurück. Nirgends wurden sie ihre Neuigkeit los!

Wenigstens hatten sie bei Peter Glück. Er war zu

Hause und freute sich genauso wie die Zwillinge über die Nachricht.

„Du musst sie dir unbedingt gleich ansehen!“, rief Lara in den Hörer.

„Das würde ich sehr gerne tun“, antwortete Peter, „aber ich warte lieber noch eine Weile. Das Igelweibchen ist nur an euch gewöhnt. Wenn ich jetzt auf einmal an ihr Nest komme, würde sie bestimmt unruhig. Igel sind sehr empfindlich. Keinesfalls darf man aus Neugier die Jungen gefährden. Die ersten Tage sind besonders kritisch. Ihr könnt heute noch Futter hinbringen. Aber ins Nest sehen solltet ihr nur einmal am Tag.“

Lara nickte. Peter hatte recht. Leider.

„Und Lutz und Lars, dürfen die morgen mal die Kleinen angucken?“ Jetzt hatte Lena den Hörer genommen. „Die Igelmutter kennt sie, die beiden waren ja oft beim Füttern dabei.“

„Wartet lieber noch ein paar Tage“, riet Peter.

Jeden Tag beobachteten Lara und Lena nun für wenige Minuten die Igelmutter und ihre Kinder. Ihre Beobachtungen notierten sie anschließend im „Igeltagebuch“. Peter wollte ihnen später helfen, einen Artikel für eine Fachzeitschrift zusammenzustellen.

neugeborener Igel
(zum Größenvergleich)
2 Tage später
nach 2 Wochen: Augen und Ohren geöffnet, Einrollen gelingt noch nicht.
5 Tage alt
4 Wochen alt: ca. 15 cm, 120 g

Schon am dritten Tag waren zwischen den nun etwa 1 cm langen weißen Geburtsstacheln die dunkel aus der Haut wachsenden, späteren Stacheln zu erkennen.

Die zuerst rosafarbene Rückenhaut verfärbte sich innerhalb einer Woche grau. Im Gesicht und am Bauch wuchsen nun dunkle Haare.

Nach etwa zwei Wochen trug der ganze Rücken dunkle Stacheln. Die weißen Geburtsstacheln fielen aus. Etwa zur gleichen Zeit öffneten sich die Augen und die Ohren der kleinen Igel.

Nun wurde es etwas lebendiger im Nest. Die Kleinen krabbelten hierhin und dahin, um alles genau zu erkunden.

In der dritten Lebenswoche kam Peter und sah vorsichtig ins Nest. Auch Lutz und Lars durften kurz ins Nest schauen. Obwohl die Igelin keine Unruhe zeigte, zogen sich Peter und die Kinder bald zurück.

Einige Tage später beobachteten die Mädchen etwas ganz Besonderes: Einer der winzigen Igel versuchte, sich selbst zu bespeicheln! Es sah zu komisch aus, denn er war noch recht wacklig auf den Beinen.

Noch eine Woche - dann würden die Jungen zum erstenmal das Nest verlassen. Diesen Augenblick wollten Lena und Lara keinesfalls verpassen. Aber schließlich konnten sie nicht Tag und Nacht unbeweglich neben dem Nest hocken!

Doch sie hatten Glück. Es war fast, als hätte die Igelmutter auf die Mädchen gewartet. Denn gerade als sie zum Nest kamen, setzte sich die Igelfamilie in Bewegung. Es war noch nicht ganz dunkel und man konnte sie ziemlich gut sehen. Genau einen Monat nach ihrer Geburt verließen die kleinen Igel zusammen mit ihrer Mutter zum ersten Mal das Nest. Vorher war schon ab und zu mal einer alleine auf Entdeckungsreise gegangen, aber die Mutter hatte die Ausreißer sofort wieder ins Nest geholt. Sie packte jeweils das Junge am behaarten Stachelrand und trug es zurück. Igelmütter können ihre Jungen ja nicht, wie es andere Säugetiere tun, am Nackenfell packen, weil dort die spitzen Stacheln sind.

Lena und Lara standen bewegungslos da und wagten kaum zu atmen. Neugierig rannten die fünf kleinen Igel zwischen den vom Tau feuchten Pflanzen hin und her und steckten die Nase in jeden Winkel. Bald merkten sie, dass es viele Dinge gab, die man gut fressen konnte, aber noch mehr, die zum Verzehr ungeeignet waren. Der Mutter dicht auf den Fersen, ging es nun kreuz und quer durch den Garten.

Plötzlich ertönte ein Pfiff. Die Igelmutter blieb stehen, lauschte, lief ein paar Schritte zurück und versuchte zu orten, wo der Pfiff hergekommen war. In diesem Moment pfiff es wieder. So schnell ihre Beine sie trugen, rannte die Igelmutter in die Richtung, aus der der Pfiff gekommen war. Sie wusste, dass es ein „Hilfeschrei" von einem ihrer Jungen war.

Auf Zehenspitzen liefen die Kinder hinterher. Was war passiert? Einer der Kleinen war vom Weg abgekommen und hatte den Anschluss verloren. Nun stand er vor der Mauer des Steingartens, um die die anderen einen großen Bogen gemacht hatten. Zusammen mit der Mutter kehrte er nun zu den anderen zurück.

Etwa zwei Stunden dauerte dieser erste Ausflug, dann dirigierte die Igelmutter ihre Jungen wieder zum Nest zurück. Sie passte genau auf, dass keines draußen blieb.

Wie auch andere junge Säugetiere sind Igelkinder sehr verspielt. Sie puffen, rempeln und zwicken einander. Sie zwicken auch ihre Mutter und drängeln im Nest hin und her.

Die Igelmutter war jetzt so zutraulich, dass auch Lutz und Lars mitkommen konnten, um die Ausflüge zu beobachten. Alle vier staunten, wie gut sich die kleinen Igel schon orientieren konnten. Die Augen spielen dabei eine untergeordnete Rolle. Sie dienen dem Igel vor allem dazu, Bewegungen wahrzunehmen und Hell und Dunkel zu unterscheiden. Farben können sie nicht sehen. Nachtaktive Tiere brauchen das auch nicht, denn »bei Nacht sind alle Katzen grau«, sagt ein altes, wahres Sprichwort. Ganz besonders den Menschen fällt es schwer, in der Nacht Farben zu unterscheiden.

Dafür haben die Igel einen hervorragenden Geruchssinn. Auch der Tastsinn ist durch die Barthaare fein ausgebildet. Und das Gehör funktioniert ausgezeichnet. Besonders gegen laute und hohe Töne sind Igel empfindlich. Das hatten die Mädchen schon bei den kleinen Igeln beobachtet, wenn sie aus Versehen doch einmal etwas zu laut sprachen.

„Jetzt haben wir fast ein ganzes „Igeljahr“ beobachtet“, stellte Lara ein paar Wochen später fest. Sie saß mit Lena und den Cousins im Garten und sah den kleinen Igeln bei der Schneckenjagd zu. „Mit sechs so kleinen Igeln hat es voriges Jahr angefangen“, fuhr sie fort.

„Ich glaube, ein bisschen größer waren die schon“, erwiderte Lena und maß die Jungen mit den Augen. „Oder kommt es mir nur so vor?“

„Etwa zwei Wochen älter waren die bestimmt“, bestätigte Lutz.

„Hoffentlich findet unsere Igelstation im kommenden Winter nicht wieder so viel Anklang.“ Lars hatte erst einmal genug von der Arbeit.

Lara schüttelte den Kopf. „Dieses Jahr kommen bestimmt viel mehr draußen durch. Bei dem warmen Sommer!“

Lutz sagte gar nichts, aber man sah ihm an, wie es in seinem Kopf arbeitete.

„Wisst ihr was?“, platzte er heraus. „Wir könnten doch im Herbst Unterschlupfmöglichkeiten für Igel draußen im Gelände vorbereiten. Wir müssten zum Beispiel Schlafhäuschen bauen und an anderen geschützten Stellen Laub-Reisighaufen aufschichten. „

Die anderen stimmten sofort zu.

„Und dann gehen wir zu den Leuten, die ihren Garten im Herbst sozusagen mit dem Staubsauger reinigen. Es gibt so viele, die nicht einmal ein welkes Blatt oder einen abgestorbenen Halm stehen lassen. Alles verpacken sie in Laubsäcke und lassen es von der Müllabfuhr abholen. Ich glaube, die wissen gar nicht, wie viele Tiere darunter zu leiden haben!“, rief Lena.

Diese gute Idee vergaßen die Kinder nicht. Als sich der Herbst ankündigte, wurde der ganze Igelpflegetrupp wieder aktiv. In Vierergruppen zogen die Kinder von Garten zu Garten und sprachen mit den Besitzern.

Immer wieder waren die Kinder erstaunt, dass so viele Erwachsene zwar freundlich, aber sehr schlecht informiert waren. Zwar wussten fast alle von den Jungigeln, die im letzten Winter aufgenommen worden waren. Was sie aber selbst und mit ganz einfachen Mitteln für die Igel tun konnten, das wussten sie nicht.

Einige wollten sich auf keine Diskussion einlassen. Wie sie ihre Gärten anlegten, ging schließlich keinen etwas an, meinten sie. Dabei waren es gerade die Leute, die genau beobachteten, ob der Rasen des Nachbarn auch so sauber geschoren war wie ihr eigener... Die meisten aber ließen durchaus mit sich reden und in vielen Gärten entstanden Plätze für Igel.

Bei jedem Gespräch betonten die Kinder, dass man auf keinen Fall alle Igel einsammeln durfte. Nur die ganz kleinen sollten beim Menschen überwintern. Und auch die musste man jetzt im Herbst noch in Freiheit lassen. Bei Wintereinbruch wollte Peter den Aufruf vom vergangenen Jahr noch mal in der Spangenberger Zeitung veröffentlichen.

„So, nun kann es wieder Winter werden!", sagte Lena zufrieden, als sie den letzten Garten mit einem Igelquartier ausgestattet hatten.

„Ich glaube, so viele gemütliche Winternester wie

bei uns finden die Stacheltiere weit und breit nicht“, stellte Lutz fest.

„Die igelfreundlichste Stadt der Welt! Auf nach Spangenberg-Igelhausen!“, rief Lara, so laut sie konnte.

„Und schön draußen in der freien Natur bleiben“, fügte Lars trocken hinzu.

Alle vier lachten. Aber Lena und Lara dachten dabei: Wenn doch Igel drin überwintern müssen, dann bei uns!

Kleine Stacheltier-Kunde:
Igel
Stachelschwein
Seeigel

Literaturhinweise

Igel in unserem Garten: Expertenrat aus erster Hand von Monika Neumeier und Carolin Krank (Broschiert - Juni 2008)

Das Igel-Praxisbuch. Die richtige Pflege, Aufzucht und Unterbringung von Monika Neumeier (Taschenbuch - 2001)

Das praktische Igelbuch: Nahrung - Krankheiten - Schutz - Pflege - Überwintern von Michael Lohmann (Broschiert - Juli 2007)

Der igelfreundliche Garten. So machen Sie Ihren Garten zum Paradies (nicht nur) für Igel von Wolf R Günzel (Gebundene Ausgabe - 4. August 2008)

Igel gefunden was nun?: Der Ratgeber für Igelfreunde von Claudia Biermann (Broschiert - September 2007)